미움받을 용기

자유롭고
행복한
삶을 위한
아들러의
가르침

미움받을 용기

嫌われる勇氣

기시미 이치로·고가 후미타케 지음 ─ 전경아 옮김 ─ 김정운 감수

ᶦNFLUENTIAL
인 플 루 엔 셜

기시미 이치로 선생의 책을 통해 아들러 심리학을 접한 지 4반세기 가까이 지났습니다. 그 이전에 내가 어떤 생각을 했는지 이제는 잘 생각나지 않습니다. 아들러 심리학은 그렇게 나를 변화시켰고 지금도 여전히 변화시키고 있습니다.

딱 10년 전《미움받을 용기》를 집필하며 기미시 선생과 저는 "10년이 지나도 세계에서 사랑받는 고전을 만들어보자"라고 약속했습니다. 한국어판이 200만 독자에게 도달했다는 소식을 듣고 한국 독자 여러분에게 새삼 감사드리는 동시에 그때의 약속을 지킬 수 있겠다 싶어 안도하는 참입니다.

"한국 독자들은《미움받을 용기》에 왜 그토록 지지를 보내는 것일까?" 이는 한국을 방문했을 때보다 일본의 출판관계자들에게 외려 자주 들었던 질문입니다. 우리 일본인의 눈에 한국인은 자신의 의견을 분명하게 표현하며 (일본인처럼) 겉으로 표현하는 마음과 속마음을 구분하지 않고 자신의 인생을 당당히 살아가는 것으로 보입니다. 이는 한국의 친구들을 만날 때는 물론, 한국 영화와 케이팝을 접할 때도 느낀 점입니다. "한국 사람들은 이미 아들러의 사상을 체현하고 있지 않은가?"라고 생각하는 일본인이 있다고 해도 전혀 이상하지 않습니다.

한편 우리는 큰 문화적 공통점을 갖고 있습니다. 유교문화입니다. 중국의 공자를 시조로 하는 유교의 가르침은 한국과 일본 양국에 깊이 스며들었고 지금도 그 영향이 강하게 남아 있습니다.

흥미로운 점이라면 유교 덕목 중, 일본에서 '충(忠)'과 '의(義)'를 중요시한다면 한국에서는 '효(孝)'와 '예(禮)'를 중시한다는 것입니다. 그래서 일본인은 회사조직 속 대인관계(충과 의)에 시달리고 한국인은 가족관계와 사회규범 자체(효와 예)에 대한 고민이 컸습니다. 그리고 아들러는 그 모든 고민에 대해 명쾌한 답을 제시해줍니다. 저는 그렇게 이해했습니다.

현재 《미움받을 용기》 시리즈는 전 세계 40개국 이상에서 번역 출간되어 누적 판매 1000만 부를 돌파했습니다. 그중에서도 초기부터 반향이 컸던 곳이 한국과 일본입니다. 유교문화 속에서 자란 우리에게 아들러의 가르침은 인생을 뒤집어 놓을 만한 깨달음을 주었습니다.

하지만 아들러가 여러분의 인생을 변화시켜주는 마법사는 아닙니다. 여러분의 인생을 변화시킬 수 있는 사람은 어디까지나 여러분 자신뿐입니다. 이는 아들러의 메시지이자, 오랫동안 아들러를 연구해온 기시미 선생의 결론이기도 합니다. 인생의 갈 길을 몰라 방황할 때, 결심이 흔들릴 것 같을 때, 몇 번이라도 좋으니 《미움받을 용기》 시리즈를 다시 읽어보시기 바랍니다. 저도 분명 그렇게 할 겁니다.

고가 후미타케

《미움받을 용기》 시리즈 한국어판이 출간 8주년을 맞고 200만 명의 독자들에게 사랑을 받았다니 진심으로 기쁘게 생각합니다. 이 책의 해외 번역은 한국어가 처음이었습니다. 이토록 많은 한국 독자들이 이 책을 읽어준 것에 남다른 감회를 느낍니다.

이 책이 한국에 번역 출판된 것은 제 인생을 바꾸었습니다. 일본과 가장 가까운 나라임에도 저는 한국에 대해 아는 바가 거의 없었습니다(물론 한국의 정치와 사회, 문화에 대해 책과 신문, 텔레비전 등의 보도를 통해 어느 정도 주워들은 지식은 있었지만). 하지만 번역서가 나오고 한국을 방문할 기회가 늘어남에 따라 한국이란 나라보다 한국 '인'에 대해 알 수 있었습니다.

당시까지 배워온 서구의 언어에 더해 한국어를 새로 배우기 시작했습니다. 마침 한국어를 막 배우기 시작했을 때쯤 서울에서 "한국어를 공부한다"고 말했더니 누군가 그 이유를 물었습니다. 그때, "한국을 직접 느끼고 싶어서"라고 대답했던 기억이 아직도 생생합니다. 내 말은 한국이라는 '나라'가 아니라 '한국인'을 알고 싶다는 의미였습니다.

《미움받을 용기》에서 철학자는 나라와 문화를 뛰어넘어 통용되는 보편적 사상을 말합니다. 한국을 직접 느끼기 위해 한국인 선생에게 한국어를 배우고 한국 영화를 보는 사이, 한국 사람들을 둘러싼 문제가 조금씩 보이기 시작했습니다.

한국에서 '소확행(小確幸)'이란 말이 유행한다고 들었습니다. 원래 무라카미 하루키(村上春樹)의 에세이에 나오는 표현으로 '작지만 확실한 행복(小さいけれど 確実な幸福)'이라는

의미라고 합니다. 저는 얼마 전까지도 이 말을 몰랐지만 생존경쟁이 치열한 대도시에서 살다 탈진해버린(burn-out) 청년들이 작지만 확실한 행복을 찾아 살아도 괜찮겠다고 생각하게 되었음을 보여준다고 생각합니다. 그런 청년들을 그린 한국 영화도 봤습니다.

하지만 소확행을 느끼며 살자고 대놓고 생각하는 청년들은 여전히 소수일지 모릅니다. '경쟁에서 내려오는 사람이 있어도 돼. 하지만 그것이 나는 아닐 거야' 라고 생각하며 경쟁사회에 쭉 머무는 사람이 대부분일 것입니다.

《미움받을 용기》는 '어떻게 살아가야 하는가, 행복이란 무엇인가' 라는 고대 그리스 이래의 철학을 주제로 다루고 있습니다. 모두가 하는 행동이 옳다고는 할 수 없습니다. 이 책은 '이렇게 살아야 한다!' 라고 강하게 제언하기보다 이렇게 생각해볼 수도 있지 않느냐고 여러분에게 제안하는 책입니다. 철학적 질문에는 정답이 없습니다. 그래도 이 책이 종전의 생각, 자기도 모르는 새 머릿속에 굳어진 상식에 맞서 이대로 괜찮을지 끊임없이 자문하면서 끈기 있게 사고할 수 있는 계기가 된다면 더없이 기쁠 것입니다.

기시미 이치로

과거의 트라우마적 사건에
현재의 내 인생을 맡길 수는 없다

김정운(문화심리학자· 여러가지문제연구소장)

먼저 분명히 해야겠다. 나는 미국식 자기계발서를 싫어한다. 어설프게 위로하고, 빤한 인생과 꿈을 이야기하는 책은 정말 질색이다. 일본식 자기계발서도 대부분 이 범주에서 크게 벗어나지 않는다. 그런데 이 책은 다르다. 윽박지르지 않고, 논리적으로 조곤조곤 따진다. 책 속의 '청년'처럼 "이건 또 뭔 소리지?" 하는 의문이 자주 든다. 그리고 저자의 논리와 부딪히면서 책을 읽게 된다. 흥미롭다.

일단 이론적 기반이 탄탄하다. 심리학 전공자들도 그리 자세히 알지 못하는 알프레드 아들러(Alfred Adler)의 '개인심리학'에 기초해 '인생의 과제', '인정욕구', '과제의 분리', '타자공헌', '공동체 감각'과 같은 개념들을 이해하기 쉽게 설명하고 있다. 그렇다고 이 책을 단순한 아들러 심리학 입문서라고 생각하면 안 된다.

20세기 초반의 아들러 이론을 21세기를 사는 독자들이 알아서 자기 삶에 적용하는 것은 무리다. 이 책의 공저자 중 철학자인 기시미 이치로(岸見一郎)의 탁월한 해석 덕택에 아들러의 이론은 오늘날 살아 있는 일상의 언어로 되살아난다. 우선 기시미 이치로는 '심리학의 전성시대'에 만연해 있는 프로이트식 '원인론'을 아들러식 '목적론'으로 설득력 있게 뒤집는다.

특히 오늘날 상식처럼 되어버린 프로이트의 '트라우마' 개념에 대한 비판은 거의 돌직구 수준이다. 트라우마와 같은 프로이트식 원인론은 과거의 특정 한 사건만을 선택해 현재 자신의 복잡한 문제를 합리화하려는 아주 '저렴한 시도'라는 것이다. 어떻게 과거의 트라우마적 경험이 현재의 내 삶을 일방적으로 결정하도록 놔둘 수 있느냐는 이야기다.

아들러 심리학을 기초로 던지는 저자의 주장 또한 명확하다. 한마디로 '지금, 여기'를 살아야 한다는 것이다. 우리는 미래의 꿈과 목적을 위해 현재를 살아가는 것이 아니라는 이야기다. 그렇게 '어떻게 될지 아무도 모르는 미래'를 위해 현재의 삶을 희생하다가 만약 미래의 꿈이 이뤄지지 않으면 그 인생은 도대체 무엇이냐는 질문도 던진다. 설사 미래의 꿈이 이뤄진다고 해도 그 꿈을 위해 희생한 그 숱한 '오늘'은 내 인생이 아니냐는 물음이다.

직선이나 곡선처럼, 인생이 하나의 선(線)으로 쭉 이어진 다고 여기는 사람들의 착각을 저자는 비판한다. 그래서 프로이트식 원인론에 빠져드는 것이라고 말이다. 인생은 과거에서 현재를 지나 미래로 이어지는 '선'이 아니라 점(點) 같은 찰나가 쭉 이어질 뿐이라는 주장이다. 지금, 현재의 순간에 내게 주어진 '인생의 과제'에 춤추듯 즐겁게 몰두해야 한다. 그래야 '내 인생'을 살 수 있다.

타인의 '인정'을 얻기 위한 '인정욕구'를 과감히 포기해야한다는 주장도 흥미롭다. 남의 이목에 신경 쓰느라 현재 자신의 행복을 놓치는 실수를 범해서는 안 된다. 내가 아무리잘 보이려고 애써도 나를 미워하고 싫어하는 사람은 반드시있게 마련이니 미움받는 것을 두려워해서는 안 된다. 그 누구도 거울 속의 내 얼굴을 나만큼 오래 들여다보지 않기 때문이다. 남들 이목 때문에 내 삶을 희생하는 바보 같은 짓이이디 있느냐는 저자의 주장은 일상의 인간관계에서뿐 아니라 페이스북의 '좋아요'나 트위터의 'RT(리트윗)'를 죽어라누르며 '싸구려 인정'에 목매어 사는 사람들이라면 모두 귀담아 들을 만하다.

책을 읽다 보면 고개가 갸웃거려지기도 한다. 저자의 주장에 설득당하기도 하지만, 여전히 해결되지 않는 의문들도 많다. 책을 덮고도 계속 생각하게 된다. 그래서 이 책은 여타의 자기계발서와는 다르다. 주체적으로 생각하게 하는 책이 좋은 책이다. 이 책은 좋은 책이다.

과거 1000년의 도읍으로 번성을 누리던 옛 도시 외곽에 철학자가 한 명 살았다. 그 철학자는 세계는 아주 단순하며, 인간은 오늘이라도 당장 행복해질 수 있다고 주장했다. 납득이 가지 않은 청년은 철학자를 찾아가 진의를 따져 묻기로 했다. 번뇌로 가득한 그의 눈에는, 세계는 혼돈과 모순으로 가득한 곳이었다. 그런데 행복이라니? 터무니없는 얘기였다.

청 년 그러면 다시 묻겠습니다. 세계는 아주 단순하다는 것이 선생님의 지론입니까?

철학자 그렇네. 세계는 믿기 힘들 정도로 단순한 곳이고, 인생 역시 그러하다네.

청 년 이상론이 아니라 현실적인 이야기로서 그런 주장을 펼치시는 겁니까? 다시 말해 제 인생이나 선생님 인생 앞에 놓인 모든 문제가 단순하다고요?

철학자 물론일세.

청 년 좋습니다. 논의에 들어가기 전에 이번 방문에 대해 설명드리겠습니다. 제가 이곳에 온 첫 번째 이유는 선생님과 충분히, 납득이 될 때까지 의견을 나누기 위함입니다. 그리고 할 수만 있다면 선생님이 그 지론을 철회하도록 할 생각입니다.

철학자 허허.

청 년 바람결에 선생님에 대한 평판이 들려오더군요. 이곳에 괴짜 철학자가 살고 있는데, 간과하기 힘든 이상론을 떠들고 다닌다고요. 자고로 인간은 변할 수 있다, 세계는 단순하다, 누구나 행복해질 수 있다고 말입니다. 저로서는 어느 하나도 도저히 받아들이기 힘든 내용이었습니다. 그래서 실제로 제 눈으로 확인하고, 조금이라도 이상한 점이 발견되면 그 잘못을 바로잡아드리려고요. ……불편하십니까?

철학자 아니, 대환영이야. 나도 마침 자네와 같은 젊은이의 목소리에 귀를 기울이고 많이 배우고 싶던 참이니까.

청 년 　고맙습니다. 저는 선생님의 의견을 덮어놓고 부정할
생각은 없습니다. 그래서 일단 선생님의 지론이 옳
다는 전제하에 그 가능성부터 생각해봤습니다. "세
계는 단순하고 인생 역시 단순하다." 만약 이 테제
(These)[1]에 얼마간의 진리가 포함된다면 그것은 아이
에게나 해당되겠지요. 아이에게는 근로나 납세와 같
은 눈에 보이는 의무가 없습니다. 부모나 사회의 보
호를 받으며 하루하루를 자유롭게, 마음 내키는 대
로 살아갑니다. 미래가 끝없이 펼쳐져 있으니 자신
은 무엇이든 할 수 있다고 생각합니다. 냉혹한 현실
은 보이지 않도록 자신의 눈을 가리고 있습니다. 확
실히 아이의 눈에 비치는 세계는 단순한 모습을 하
고 있는 거죠. 하지만 어른이 되면서 세계는 그 본성
을 드러냅니다. '너는 그 정도밖에 안 되는 인간이
다'라는 현실을 매정하게 보여주고, 인생 앞에 기다
리고 있던 온갖 가능성이 '불가능성'으로 반전됩니
다. 행복한 낭만주의의 계절은 막을 내리고 잔혹한
리얼리즘의 시대가 열리는 것이죠.

---

1 정립(定立). 헤겔은 변증법을 통해 인식이나 사물은 '정(定)-반(反)-합(合)'이라는 3단
계를 거쳐 전개된다고 했다. 테제는 이 중 '정(定)'에 해당하는 것으로 논리를 전개하기
위한 최초의 명제 또는 사물 발전의 최초의 단계를 뜻한다.

철학자 그래, 재미있군.

청 년 그뿐 아닙니다. 어른이 되면 복잡한 인간관계에 얽히고 수많은 책임을 떠안게 됩니다. 일, 가정, 사회적 역할 등 모든 것이 그렇습니다. 물론 어린 시절에는 이해하지 못했던 차별과 전쟁, 빈부격차 같은 사회의 온갖 문제도 무시할 수도 없습니다. 아닙니까?

철학자 그렇지. 계속해보게.

청 년 그나마 종교가 힘을 가졌던 시대라면 아직 희망이 있었습니다. 신의 가르침이야말로 진리이며 세계이며 전부였으니까요. 그 가르침에 따르기만 하면 따로 고민할 필요도 없었죠. 하지만 종교는 힘을 잃고 신에 대한 믿음도 빈껍데기만 남았습니다. 의지할 존재가 없는 상태에서는 누구나 불안에 떨고 시기와 질투심만 가득하게 되죠. 하나같이 자기만 생각하면서 삽니다. 그것이 현대 사회입니다. 선생님, 말씀해주세요. 이런 현실을 보면서도 세계가 단순하다고 주장하시겠습니까?

철학자 내 대답은 같네. 세계는 단순하고 인생도 그러하지.

청 년 어째서요? 누가, 어떻게 봐도 세계는 혼돈과 모순으로 가득한 곳이 아닙니까!

철학자　그것은 '세계'가 복잡해서가 아니라 '자네'가 세계를 복잡하게 보고 있기 때문일세.

청　년　제가요?

철학자　인간은 누구나 스스로 의미를 부여한 주관적인 세계에 살고 있지. 객관적인 세계에 사는 것이 아니라네. 자네가 보는 세계와 내가 보는 세계는 달라. 누구와도 공유할 수 없는 세계일 테지.

청　년　무슨 뜻입니까? 선생님도 저도 같은 시대, 같은 나라에서 태어나서 같은 것을 보고 있지 않습니까?

철학자　그런가? 자네, 나이가 어려 보이는데 우물물을 마셔본 적이 있나?

청　년　우물물이요? 아, 아주 오래전이긴 하지만 시골에 있는 할머니 댁이 우물물을 끌어다 써서 마셔본 적이 있습니다. 더운 여름철에 할머니 댁에서 마시는 차가운 우물물은 참 꿀맛이었죠.

철학자　아는지 모르겠지만 우물물의 온도는 1년 내내 18도를 유지한다네. 이것은 누가 측정하든지 간에 똑같은 객관적인 수치지. 하지만 여름에 마시는 우물물은 차갑게 느껴지고, 겨울에 마시는 우물물은 따뜻하게 느껴진다네. 온도계는 늘 18도를 유지하지만 여름과 겨울에 느끼는 정도가 다른 것이지.

청 년 요컨대 환경의 변화에 따라 착각하게 된다?

철학자 아니, 착각이 아닐세. 그때 '자네'가 우물물이 차갑다거나 따뜻하다고 느낀 것은 움직일 수 없는 사실이네. 주관적인 세계에 살고 있다는 것은 바로 그런거지. 우리는 '어떻게 보고 있는가'라는 주관에 지배받고 있고, 자신의 주관에서 벗어날 수 없다네. 지금 자네의 눈에는 세계가 복잡기괴한 혼돈처럼 비춰질 걸세. 하지만 자네가 변한다면 세계는 단순하게 바뀔 걸세. 문제는 세계가 어떠한가가 아니라, 자네가 어떠한가 하는 점이라네.

청 년 내가 어떠한가?

철학자 그렇지. 어쩌면 자네는 선글라스 너머로 세계를 보고 있는지도 몰라. 그런 상태에서는 세계가 어둡게 보이는 것이 당연하지. 그렇다면 세계가 어둡다고 한탄할 것이 아니라 선글라스를 벗으면 되네. 맨눈에 비치는 세계는 강렬하고 눈이 부셔서 절로 눈을 감게 될지도 모르네. 다시 선글라스를 찾게 될지도 모르지. 그래도 선글라스를 벗을 수 있을까? 세계를 정면으로 바라볼 수 있을까? 자네에게 그런 '용기'

가 있을까? 그게 관건이지.

청 년 　용기요?

철학자 　그래. 이것은 용기의 문제라네.

청 년 　……음, 좋습니다. 반론할 말이 산더미 같지만 나중에 하기로 하고 다시 묻겠습니다. 선생님은 "인간은 변할 수 있다"라고 말씀하셨죠? 제가 변한다면 세계도 단순하게 변할 것이라고요.

철학자 　물론이지. 인간은 변할 수 있어. 그뿐 아니라 행복해질 수도 있지.

청 년 　어떤 인간도, 예외 없이요?

철학자 　한 사람도 예외 없이, 지금 이 순간부터.

청 년 　하하, 세게 나오시는군요! 아주 흥미진진한데요, 선생님. 당장 논박해드리지요!

철학자 　나는 피하지도 숨지도 않을 걸세. 천천히 의견을 나눠보도록 하지. 자네는 '인간은 변할 수 없다'라는 입장인가?

청 년 　변할 수 없고말고요. 실제로 저 자신이 변하지 못해 이렇게 괴로워하고 있는 걸요.

철학자 　하지만 동시에, 자네는 변하기를 간절히 바라고 있지.

청 년 　물론입니다. 만약 변할 수 있다면, 지난 인생을 다시 시작할 수 있다면 저는 기꺼이 선생님께 무릎을 꿇겠습니다. 반대로 선생님이 제게 무릎을 꿇을 수도 있겠습니다만요.

철학자 좋아. 재미있는걸. 자네의 모습을 보고 있자니 학창 시절의 내 모습이 떠오르는군. 내게도 진리를 구하려고 철학자를 찾아다니던 혈기 왕성한 시절이 있었지.

청 년 네, 그렇습니다. 저는 진리를 구하고 있습니다. 인생의 진리를요.

철학자 지금까지 나는 제자라는 것을 둔 적이 없고, 그 필요성도 느끼지 못했네. 하지만 그리스철학(Greek philosophy)[2]을 공부한 이래, 그리고 '또 하나의 철학'을 접한 이래, 마음속 어딘가에서 자네와 같은 젊은이가 찾아와주기를 기다려왔는지도 모르겠군.

청 년 또 하나의 철학이요? 무엇입니까, 그것이?

철학자 자, 저쪽에 있는 서재로 가세. 긴 밤이 되겠군. 뜨거운 커피라도 마시자고.

---

2 고대 그리스에서 발생하여 고대 로마에까지 계승된 철학을 통틀어 이르는 말이다.

트라우마를 부정하라

서재로 간 청년은 구부정한 자세로 서재에 놓여 있는 의자에 앉았다. 그는 왜 그토록 철학자의 지론에 거부반응을 보이는 것일까? 분명한 이유가 있다. 청년은 어린 시절부터 스스로에게 자신이 없었다. 출신이나 학력, 외모에 관해서도 심한 열등감을 느꼈다. 그래서일까? 남의 시선을 지나치게 의식하는 면이 있었다. 그리고 남의 행복을 진심으로 축복하지 못해 늘 자기혐오에 빠졌다. 청년에게는 철학자의 주장이 모두 허황된 소리로 들렸다.

알려지지 않은 '심리학 제3의 거장'

청 년 좀 전에 '또 하나의 철학'이라고 하셨습니다. 분명히 선생님의 전공은 그리스철학이라고 들었는데요?

철학자 그래, 10대 시절부터 쭉 그리스철학과 함께했지. 소크라테스부터 플라톤, 아리스토텔레스와 같은 지(知)의 거인들과 말일세. 현재도 플라톤의 저작을 번역 중인데, 고대 그리스에 대한 탐구는 내가 죽을 때까지 끝나지 않을 걸세.

청 년 그러면 '또 하나의 철학'이란 무엇입니까?

철학자 　오스트리아 출신의 정신과 의사 알프레드 아들러(Alfred Adler)가 20세기 초엽에 창설한, 전례 없는 새로운 심리학이라네. 현재는 그 창시자의 이름을 따서 '아들러 심리학'이라고 부르지.

청 년 　허, 의외인데요. 그리스철학 전문가가 심리학을요?

철학자 　다른 심리학이 어떤 모습을 하고 있는지 나는 잘 모르네. 하지만 아들러 심리학에 관해서 말하자면 그리스철학과 뿌리가 같은 사상이자 학문이라고 자신 있게 말할 수 있네.

청 년 　프로이트와 융의 심리학이라면 저도 조금은 배운 게 있어서 압니다. 확실히 흥미로운 연구 분야죠.

철학자 　그래, 프로이트와 융은 꽤 유명하지. 원래 아들러는 프로이트가 운영하는 빈 정신분석학회의 핵심 일원으로 활약했던 인물일세. 하지만 학설상의 대립으로 무리에서 떨어져 나와 독자적인 이론을 바탕으로 '개인심리학'[1]을 제창했지.

청 년 　개인심리학이요? 생소한 명칭인데요. 말하자면 그 아들러라는 사람이 프로이트의 제자라는 겁니까?

---

1 아들러가 직접 붙인 명칭으로, 아들러는 인간을 분리될 수 없는 '하나의 전체'로 보고 각각의 개인은 독립적인 존재이기 때문에 독립적으로 다뤄야 한다고 주장했다.

철학자　아니, 제자는 아닐세. 많은 사람이 오해하니 이참에 분명히 짚고 넘어가야겠군. 연령대가 비교적 비슷해서인지 아들러와 프로이트는 대등한 연구자로서 관계를 맺었네. 이 점이 프로이트를 아버지처럼 존경했던 융과는 다르지. 보통 심리학이라고 하면 프로이트와 융의 이름만 거론되는데, 세계적으로는 프로이트, 융과 나란히 3대 거장으로서 아들러의 이름도 반드시 언급된다네.

청 년　그렇군요. 제 지식이 짧았습니다.

철학자　자네가 아들러를 모르는 것도 무리는 아니지. 아들러 스스로 이렇게 말했다네. "내 이름을 기억하지 못하는 날이 올지도 모른다. 아들러가 존재했다는 사실조차 잊힐지 모른다." 그는 그래도 상관없다고 했네. 아들러파의 존재 자체가 잊혔다는 사실, 그것이야말로 그의 사상이 일개 학문에서 탈피하여 사람들의 상식(common sense, 공통감각)²이 된다는 것을 의미하니까.

---

2 'common sense'는 원래 '공통감각'이란 뜻으로 아리스토텔레스로부터 유래했다. 공통감각이란 '모든 감관에 공통되는 감각'을 말하며 라틴어로는 센서스 코무니스(sensus communis)라고 한다. 이후로는 내적 감각, 사회적 감각, 연대성 감각, 공동 정신 등 다양하게 불리고 있는데, 공통된(communis) 판단력(sensus)이라는 의미의 '상식' 혹은 '양식'이란 뜻으로도 쓰이고 있다.

청 년   학문을 위한 학문이 아니라는 겁니까?

철학자   그렇지. 예를 들면 세계적인 베스트셀러《인간관계론》과《자기관리론》으로 유명한 데일 카네기도 아들러를 가리켜 '평생을 바쳐 인간과 그 잠재능력을 연구한 위대한 심리학자'라고 소개했고, 그의 저서에는 아들러의 사상이 짙게 반영되어 있지. 스티븐 코비의《성공하는 사람들의 7가지 습관》에도 아들러의 사상과 엇비슷한 내용이 담겨 있다네. 다시 말해 아들러 심리학은 고루한 학문이 아니라 인간 이해의 진리이자 도달점이라고 할 수 있지. 하지만 시대를 100년 앞섰다고 평가받은 아들러의 사상을 우리는 아직도 따라가지 못하고 있어. 그만큼 그의 사상이 선구적이라고 할 수 있지.

청 년   그렇다면 앞으로 선생님이 그리스철학뿐 아니라 아들러 심리학인가 뭔가 하는 관점에서 지론을 펼친다고 이해해도 되겠습니까?

철학자   그렇지.

청 년   알았습니다. 한 가지 더, 선생님의 기본적인 입장에 관해 묻겠습니다. 선생님은 철학자입니까, 심리학자입니까?

철학자   나는 철학자일세. 철학에 평생을 바친 사람이지. 그리고 내게 아들러 심리학은 그리스철학과 동일선상에 있는 사상이자 철학이라네.

청 년   좋습니다. 그러면 바로 시작하죠.

인간이 변할 수 있는 이유는 무엇인가

청 년   처음에 나누었던 논의를 정리해보겠습니다. 선생님은 "인간은 변할 수 있다"라고 하셨습니다. 뿐만 아니라 누구나 행복해질 수 있다고 하셨지요.

철학자   그렇지. 한 사람도 예외 없이.

청 년   행복에 관해서는 나중에 다시 논하기로 하고, 먼저 '변하는 것'에 대해 묻겠습니다. 인간은 누구나 변하기를 원합니다. 저도 그렇고, 길 가는 사람 중 누구를 붙잡고 물어도 같은 대답을 하겠지요. 그렇다면 왜 모두가 변하고 싶어 할까요? 답은 하나, 그 누구도 변하지 못하기 때문입니다. 만약 간단히 변할 수 있다면 굳이 '변하고 싶다'고 바라지는 않겠죠. 인간은 변하고 싶어도 변하지 못합니다. 그래서 변하게 해주겠다고 꾀는 신흥종교나 수상하기 짝이 없는 자기계발 세미나에 속는 사람들이 끊이질 않는 겁니다. 아닙니까?

철학자 그러면 반대로 묻겠네. 자네는 왜 그토록 완고하게 사람은 변할 수 없다고 주장하는 거지?

청년 왜냐하면, 음, 그러니까 이런 거예요. 제 친구 중에 벌써 몇 년째 자기 방에 틀어박혀서 지내는 애가 있습니다. 그 친구는 밖으로 나오고 싶어 하고, 할 수만 있다면 일도 갖길 원합니다. 지금의 자신의 모습에서 벗어나기를 누구보다 간절히 바라고 있지요. 하지만 그 친구는 방에서 나오는 것을 두려워합니다. 한 발자국이라도 나오면 숨이 가빠지고 손발이 떨린다고 해요. 일종의 신경증이죠. 달라지고 싶은데 달라지지 못하는 겁니다. 변하고 싶어도 변할 수가 없는 거죠.

철학자 자네는 그 친구가 왜 밖으로 나오지 못한다고 생각하나?

청년 자세한 사정은 모릅니다. 가정이나 학교, 직장에서 괴롭힘을 당했는데 그것이 트라우마가 되었는지도 모르지요. 아니, 어쩌면 반대로 응석받이로 자라서 그런지도 모르고요. 뭐 그 친구의 과거사나 집안 사정까지 자세히 알지는 못합니다.

철학자   어쨌든 친구의 '과거'에 트라우마인지 뭔지 '원인'이 될 만한 사건이 있었다, 그 결과 그 친구는 밖으로 나오지 못하게 된 것이다, 그런 말이군?

청 년   물론이지요. 결과에는 반드시 원인이 있습니다. 뭐가 이상합니까?

철학자   그럼 자네 말대로 밖으로 나오지 못하는 원인이 어린 시절의 가정환경에 있다고 하세. 부모에게 학대를 받고 자라서 애정을 모른 채 어른이 되었다, 그래서 사람들과 어울리는 것이 두려워서 밖으로 나오지 못하는 거라고 말일세. 있을 법한 얘기 아닌가?

청 년   흔히 있는 일이죠. 모르긴 몰라도 심한 트라우마에 시달릴 겁니다.

철학자   그리고 자네는 "모든 결과에는 원인이 있다"라고 말했네. 즉 과거의 사건(원인)이 현재의 나(결과)를 규정한다고 말일세. 그렇게 이해해도 되겠나?

청 년   물론입니다.

철학자   자네가 말한 대로 '과거'의 사건이 인간의 '현재'를 규정한다면, 좀 이상하지 않나? 생각해보게. 부모에게 학대를 받고 자란 사람은 모두 자네의 친구와 같은 결과, 즉 집 안에 틀어박혀 지내야 앞뒤가 맞지 않겠나? 과거가 현재를 규정한다, 원인이 결과를 지배한다는 것은 그런 거라네.

청 년 ……무슨 말을 하고 싶으신 겁니까?

철학자 과거의 원인에 주목해서 상황을 설명하려 든다면, 모든 이야기는 저절로 '결정론'에 도달하게 되네. 즉 우리의 현재, 그리고 미래는 전부 과거 사건에 의해 결정되고 움직일 수 없는 것이라고 말이지. 아닌가?

청 년 그러면 과거는 전혀 관계가 없다는 말씀입니까?

철학자 그래. 그것이 아들러 심리학의 입장이네.

청 년 일찌감치 대립점이 명확해졌군요. 하지만 선생님, 지금 말씀대로라면 제 친구는 아무런 이유 없이 밖에 나오지 못하는 것이 됩니다. 선생님은 과거의 사건과는 관계가 없다고 하셨으니까요. 죄송하지만 그것은 절대 있을 수 없는 얘기입니다. 그 친구가 집 안에 틀어박히게 된 배경에는 어떤 이유가 있습니다. 그렇지 않으면 설명이 안 된다고요!

철학자 그렇지, 분명히 설명이 안 되지. 그래서 아들러 심리학에서는 과거의 '원인'이 아니라 현재의 '목적'을 본다네.

청 년 현재의 목적이라고요?

철학자 그 친구는 '불안해서 밖으로 나오지 못하는 것'이 아
닐세. 거꾸로 '밖으로 나오지 못하니까 불안한 감정
을 지어내는 것'이라고 생각하네.

청 년 네?

철학자 다시 말해 그 친구에게는 '바깥에 나갈 수 없다'라는
목적이 먼저고, 그 목적을 달성하는 수단으로 불안
과 공포 같은 감정을 지어내는 거지. 아들러 심리학
에서는 이것을 '목적론(目的論)'이라고 한다네.

청 년 그런 농담이 어디 있습니까! 불안과 공포를 지어내
다니요? 그러니까 선생님은 제 친구가 꾀병을 부린
다는 말씀입니까?

철학자 꾀병이 아닐세. 그 친구가 그 순간에 느끼는 불안과
공포는 진짜니까. 경우에 따라서는 머리가 쪼개지는
것 같은 두통을 겪거나 심한 복통에 시달리기도 하
지. 하지만 그런 증상도 마찬가지로 '밖으로 나가지
않겠다'는 목적을 달성하기 위해 지어낸 거라네.

청 년 말도 안 돼요! 그런 터무니없는 주장을 저더러 믿으
란 겁니까?

철학자 혼동하지 말게. '원인론(原因論)'과 '목적론'은 다르
네. 자네는 모든 것을 원인론에 근거해서 말하고 있
어. 원인론을 맹신하면서 사는 한, 우리는 한 발자국
도 앞으로 나갈 수 없다네.

트라우마란 존재하지 않는다

청 년 그렇게까지 자신 있게 말씀하시니 설명을 더 자세히
듣고 싶습니다. 대체 '원인론'과 '목적론'의 차이는
무엇입니까?

철학자 가령 자네가 감기로 심한 열이 나서 의사에게 진찰
을 받았다고 하지. 의사는 "환자 분이 감기에 걸린
것은 어제 옷을 얇게 입고 나갔기 때문입니다" 하고
진단을 내렸네. 그렇다면 자네는 그것으로 만족할
수 있겠나?

청 년 그럴 리가요. 옷을 얇게 입어서 감기에 걸렸든 비를
맞아서 감기에 걸렸든, 그런 건 아무래도 상관없습
니다. 문제는 지금 고열에 시달리고 있다는 사실과
증상입니다. 의사라면 약을 처방하든 주사를 놓든

뭔가 전문적인 처치를 하고 치료를 해야죠.

철학자 그런데 원인론에 입각한 사람들, 이를테면 일반적인 카운슬러나 정신과 의사는 그저 "당신이 괴로움에 시달리는 것은 과거의 그 일에 원인이 있다"라고 지적할 뿐이야. 나아가 "그러니 당신에게는 잘못이 없다"라고 위로하는 걸로 그치지. 쉽게 말해 트라우마 이론은 원인론의 전형일세.

청 년 잠시만요! 그러니까 선생님은 트라우마의 존재를 부정하는 건가요?

철학자 단연코 부정하네.

청 년 세상에! 선생님은, 아니, 아들러는 심리학의 대가라면서요?

철학자 아들러 심리학은 트라우마를 명백히 부정하네. 이런 면이 굉장히 새롭고 획기적이지. 분명히 프로이트의 트라우마 이론은 흥미진진한 데가 있어. 마음의 상처(트라우마)가 현재의 불행을 일으킨다고 생각하지. 인생을 거대한 '이야기'라고 봤을 때, 그 이해하기 쉬운 인과법칙과 드라마틱한 전개는 사람들의 마음을 사로잡고 놓아주지 않는 매력이 있어. 하지만 아들러는 트라우마 이론을 부정하면서 이렇게 말했네.

"어떠한 경험도 그 자체는 성공의 원인도 실패의 원인도 아니다. 우리는 경험을 통해서 받은 충격—즉 트라우마—으로 고통받는 것이 아니라, 경험 안에서 목적에 맞는 수단을 찾아낸다. 경험에 의해 결정되는 것이 아니라, 경험에 부여한 의미에 따라 자신을 결정하는 것이다"라고.

청 년 목적에 맞는 수단을 찾아낸다니, 그게 무슨 뜻인가요?

철학자 말 그대로일세. '경험 그 자체'가 아니라 '경험에 부여한 의미'에 따라 자신을 결정한다는 말이지. 가령 엄청난 재해를 당했다거나 어린 시절에 학대를 받았다면, 그런 일이 인격 형성에 미치는 영향이 전혀 없다고 할 수는 없네. 분명히 영향이 남을 테지. 하지만 중요한 것은 그런 일이 무언가를 결정하지는 않는다는 점이야. 우리는 과거의 경험에 '어떤 의미를 부여하는가'에 따라 자신의 삶을 결정한다네. 인생이란 누군가가 정해주는 것이 아니라 스스로 선택하는 걸세. 어떻게 사는가도 자기 자신이 선택하는 것이고.

청 년 그러면 선생님은 제 친구가 좋아서 자기 방에 틀어박혀 있다는 겁니까? 스스로 틀어박혀 지내는 것을 선택했다고요? 농담하지 마세요. 스스로 선택한 것이 아니라 선택할 수밖에 없는 상황에 놓였던 겁니다. 지금의 자신을 선택할 수밖에 없었다고요!

철학자   아니지. 가령 그 친구가 '나는 부모에게 학대받아서 사회에 적응하지 못하는 것이다'라고 생각한다면, 그것은 그의 마음속에서 그렇게 생각하고 싶은 '목적'이 있기 때문이라네.

청 년   어떤 목적이요?

철학자   가장 근접한 것으로는 '밖으로 나가지 않겠다'는 목적이지. 밖에 나가지 않으려고 불안이나 공포를 만들어낸 걸세.

청 년   왜 밖에 나가고 싶지 않은 걸까요? 문제는 그거라고요!

철학자   자, 자네가 부모라고 가정해보세나. 만약 자네 아이가 방에 틀어박혀 나오지 않는다면 자네는 어떨 것 같나?

청 년   그야 물론 걱정하겠죠. 어떻게 해야 사회에 복귀시킬 수 있을까, 어떻게 하면 활기찬 모습을 되찾을 수 있을까, 그리고 내가 자식을 잘못 키운 것은 아닐까, 진지하게 고민하고 아이가 사회에 복귀할 수 있게끔 온갖 노력을 다할 겁니다.

철학자 문제는 그 점이라네.

청　년 네?

철학자 밖에 나가지 않고 내내 방 안에 틀어박혀 있으면 부모가 걱정을 해주지. 부모의 관심을 한 몸에 받을 수 있네. 마치 상처 난 부위를 어루만지듯 조심스럽게 대해주지. 하지만 집에서 한 발자국이라도 나가면 아무도 주목하지 않는 '그 외 다수'가 돼. 모르는 사람들에 둘러싸여서 눈에 띄지 않는 '나', 남보다 못한 '나'가 되는 거지. 그리고 아무도 나를 귀하게 대해주지 않아. ……이런 일들은 집에 틀어박혀 지내는 사람에게 자주 발생하네.

청　년 그럼 선생님의 논리에 따르면, 제 친구는 '목적'을 성취했고 현재 상태에 만족하고 있다는 건가요?

철학자 그야 불만도 있을 테고 행복하지는 않겠지. 하지만 그가 '목적'에 따라 행동하고 있는 것만은 분명해. 그 친구에게만 해당되는 것이 아니라, 우리는 모두 어떠한 '목적'을 따라 살고 있네. 그것이 목적론이지.

청　년 아니아니, 도저히 납득할 수 없습니다. 애초에 제 친구는…….

철학자   뭐 이대로 그 친구에 관해 계속 얘기해봤자 대화는 평행선을 달릴 걸세. 당사자가 없는 상황에서 우리가 왈가왈부해봐야 소용없지. 다른 사례를 생각해보자고.

청 년   그러면 이런 경우는 어떻습니까? 마침 제가 어제 겪었던 일인데요.

철학자   그래? 말해보게.

인간은 분노를 지어낸다

청 년   어제 오후, 커피숍에서 책을 읽고 있는데 지나가던 웨이터가 제 상의에 커피를 쏟았어요. 산 지 얼마 안 된, 그것도 단 한 벌뿐인 새 옷이었지요. 발끈한 저는 버럭 화를 내고 말았습니다. 평소 저는 공공장소에서 큰소리를 내지 않는 성격인데, 어제는 커피숍이 울릴 정도로 큰소리로 화를 냈어요. 분노로 이성을 잃고 만 거죠. 어떻습니까? 여기에도 '목적'인가가 개입할 여지가 있습니까? 어제 일은 어떻게 봐도

'원인'에서 비롯된 행동이죠?

철학자 　즉 자네는 분노의 감정을 주체 못하고 큰소리를 냈다는 말이군. 평소에는 온화한 성격인데 분노의 감정에 저항할 수 없었다, 자기 자신도 어쩌지 못하는 불가항력이었다, 그런 말인가?

청 년 　네. 매우 돌발적인 사건이었으니까요. 생각보다 소리가 먼저 튀어나왔습니다.

철학자 　그러면 반대로 어제 자네가 우연히 흉기를 소지했는데 화가 나서 상대를 찔렀다고 해보지. 그런 경우에도 "나로서는 어떻게 할 수 없었다, 그것은 불가항력이었다"라고 변명할 수 있을까?

청 년 　그, 그건 너무 극단적이잖아요!

철학자 　극단적이지 않네. 자네 논리대로라면 화가 나서 저지른 범행은 전부 '화' 때문이지. 당사자의 책임이 아닐세. 어찌되었든 인간은 감정에 저항할 수 없다고 하지 않았나?

청 년 　그렇다면 선생님은 어제 제가 한 행동을 어떻게 설명하실 셈이죠?

철학자 　간단해. 자네는 '화가 나서 큰소리를 낸 것'이 아닐세. 그저 '큰소리를 내기 위해 화를 낸 것'이지. 다시 말해 큰소리를 내겠다는 목적을 이루기 위해 분노라는 감정을 지어낸 걸세.

청 년 뭐라고요?

철학자 자네에게는 큰소리를 내고자 하는 목적이 먼저였네. 즉 소리를 질러서 실수를 저지른 웨이터를 굴복시키고, 자신이 하는 말을 듣게 하고 싶었던 거지. 그 수단으로 분노라는 감정을 꾸며낸 거야.

청 년 꾸며냈다고요? 농담하지 마세요!

철학자 그러면 왜 소리를 질렀나?

청 년 그야 화가 났기 때문이죠.

철학자 아니지. 일부러 큰소리를 내지 않고도 말로 설명하면 웨이터는 정중하게 사과했을 테고, 깨끗한 수건으로 닦아주는 등 조치를 취했을 것이네. 아니면 세탁소에 옷을 맡겼을지도 모르지. 게다가 자네는 그가 그렇게 하리란 것을 마음속으로 예상하고 기다리고 있었어. 하지만 자네는 큰소리로 화를 냈지. 말로 차근차근 설명하는 것이 귀찮아서 저항하지도 않는 상대를 더 값싼 수단으로 굴복시키려고 한 것일세. 그 도구로 분노라는 감정을 동원한 것이고.

청 년 ······아뇨, 속지 않겠습니다. 속지 않겠다고요! 상대

를 굴복시키려고 분노의 감정을 자아냈다? 단언컨
대 그런 걸 생각할 여유가 1초도 없었습니다. 저는
생각을 하고 나서 화를 낸 게 아니에요. 분노는 더 돌
발적인 감정이라고요!

철학자 그래, 분노는 한순간의 감정이지. 이런 이야기가 있
네. 어느 날, 엄마와 딸이 큰소리로 말다툼을 벌였네.
그런데 갑자기 전화벨이 울렸지. "여보세요?" 엄마
는 당황해서 수화기를 들었는데 목소리에는 여전히
분노의 감정이 남아 있었지. 전화를 건 사람은 다름
아닌 딸의 담임선생이었네. 그걸 안 순간 엄마의 목
소리는 정중한 톤으로 바뀌었지. 그리고 그대로 격
식을 차린 채 5분가량 담소를 나누고 수화기를 내려
놓았네. 동시에 언제 그랬냐는 듯이 딸에게 소리를
지르기 시작했어.

청 년 음, 흔한 이야기로군요.

철학자 모르겠나? 요컨대 분노란 언제든 넣었다 빼서 쓸 수
있는 '도구'라네. 전화가 오면 순식간에 집어넣었다
가 전화를 끊으면 다시 꺼낼 수 있는. 엄마는 화를 참
지 못해서 소리를 지른 것이 아니야. 그저 큰소리로
딸을 위압하기 위해, 그렇게 해서 자기의 주장을 밀

어붙이기 위해 분노라는 감정을 이용한 걸세.

청　년　분노는 목적을 달성하는 수단이다?

철학자　목적론이란 그런 걸세.

청　년　……와, 선생님. 온화한 얼굴을 하고서 어쩌면 그렇게 허무주의자(nihilist)처럼 말씀하시나요. 분노에 관해 설명할 때나 방 안에 틀어박혀 지내는 제 친구에 대해 설명할 때나, 모든 통찰이 인간에 대한 불신으로 가득하지 않습니까!

과거에 지배받지 않는 삶

철학자　어디가 허무주의자 같다는 거지?

청　년　생각해보세요. 요컨대 선생님은 인간의 감정을 부정하고 있습니다. 감정 따위는 그저 도구에 불과하다고, 목적을 달성하기 위한 수단에 불과하다고요. 하지만 보세요, 선생님. 감정을 부정하는 것, 그것은 인간성을 완전히 부정하는 이론이에요! 우리는 감정이 있기에, 희로애락에 흔들리기에 인간이란 말입니다! 만약 감정을 부정한다면 인간은 불완전한 기계에 불과해요. 이것을 허무주의(nihilism)라고 하지 않으면 뭐라고 한단 말입니까!

철학자 나는 감정의 존재를 부정하는 것이 아닐세. 누구나 감정은 있어. 당연하지. 하지만 만약 '인간은 감정에 저항할 수 없는 존재다'라고 한다면, 그 의견은 결코 수용할 수 없네. 우리는 감정에 지배를 받아서 움직이는 것이 아닐세. 그리고 인간은 '감정에 지배받지 않는다'는 의미에서, 또한 '과거에도 지배받지 않는다'는 의미에서, 아들러 심리학은 허무주의와 대치되는 사상이자 철학이라네.

청 년 감정에 지배받지 않고, 과거에도 지배받지 않는다?

철학자 가령 어린 시절에 부모가 이혼한 사람이 있다고 하세. 이는 사계절 내내 18도를 유지하는 우물물과 같이 객관적인 사실이지? 하지만 그것을 차갑게 느끼느냐 뜨겁게 느끼느냐는 '지금'의, 그리고 주관적인 사실이라네. 과거에 어떤 의미를 부여하느냐에 따라 현재의 상태가 정해지는 거지.

청 년 문제는 '무엇이 있었느냐'가 아니라 '어떻게 해석하느냐'라고요?

철학자 그렇지. 우리는 타임머신을 타고 과거로 돌아갈 수

없네. 시계 침을 되돌릴 수 없어. 만약 자네가 원인
론의 노예가 되어버리면 과거에 얽매인 채 앞으로도
영원히 행복해질 수 없을 걸세.

청 년 그렇죠! 과거를 바꿀 수 없기 때문에 지금의 삶이 괴
로운 거라고요!

철학자 괴로운 데서 끝나지 않네. 과거가 모든 것을 결정하
고 과거를 바꿀 수 없다고 한다면, 오늘을 살아가는
우리는 어떤 유효한 수단도 써보지 못한 채 주어진
운명을 받아들여야 하네. 그 결과 어떻게 될까? 나를
둘러싼 세계에 절망하고 인생을 포기하며 살다가 결
국엔 허무주의나 염세주의(pessimism)에 빠지게 되
겠지. 트라우마 이론으로 대표되는 프로이트의 원인
론은 형태만 다른 결정론이자 허무주의의 입구일세.
자네는 그런 가치관을 인정할 셈인가?

청 년 그야 저도 인정하고 싶지는 않죠. 인정하고 싶지 않
지만, 과거의 힘은 그만큼 세다고요!

철학자 가능성을 생각하게. 인간이 변할 수 있는 존재라고
한다면 원인론에 근거한 가치관은 있을 수 없다, 그
러니 자연히 목적론에 입각해서 생각할 수밖에 없다
고 말일세.

청 년 어디까지나 '인간은 변할 수 있다'를 전제로 생각하
자는 말씀입니까?

철학자 물론일세. 우리의 자유의지를 부정하고 인간을 기계
처럼 바라보는 것은 프로이트의 원인론임을 이해하
기 바라네.

청년은 철학자의 서재를 빙 둘러보았다. 벽의 한쪽 면은
온통 책장으로 뒤덮여 있고, 나무로 만든 작은 책상에는 쓰
다 만 원고뭉치와 만년필이 뒹굴고 있다. "인간은 과거의 원
인에 영향을 받아 행동하는 것이 아니라 스스로 정한 목적
을 향해 움직인다." 이것이 철학자의 주장이었다. 철학자가
제기한 '목적론'은 정통적인 심리학의 인과법칙을 근본부
터 뒤집는 개념이었기에 청년으로서는 도저히 받아들일 수
가 없었다. 어디서부터 논박해나가야 할까. 청년은 숨을 크
게 들이마셨다.

소크라테스, 그리고 아들러

청 년 알았습니다. 그러면 다른 친구에 관해 얘기해보죠.

제 친구 중에 성격이 밝고 처음 만나는 사람과도 허물없이 지내는 Y가 있습니다. 누구에게나 사랑받고, 순식간에 주변 사람들을 웃게 만드는 해바라기 같은 남자입니다. 반면에 저는 사람을 잘 사귀지 못하고 비뚤어진 데가 많은 인간입니다. 그래도 선생님은 아들러의 목적론에 근거하여 '인간은 변할 수 있다'고 주장하시겠습니까?

철학자 그렇다네. 나도 자네도, 인간은 누구나 변할 수 있네.

청 년 그러면 선생님, 제가 Y 같은 사람이 될 수 있다고 생각하십니까? 물론 저는 Y처럼 되기를 간절히 바랍니다만.

철학자 현 단계에서라면 어려운 소원일 테지.

청 년 하, 드디어 본색을 드러내시는군요! 지론을 철회하시는 겁니까?

철학자 그게 아닐세. 자네는 아직 아들러 심리학을 제대로 이해하지 못하고 있어. 아들러 심리학을 이해하는 것이 변화의 첫걸음일세.

청 년 아들러 심리학만 이해하면 저도 Y처럼 될 수 있다는 말씀입니까?

철학자 왜 그리 서두르나? 답이란 남에게서 얻는 것이 아니라 스스로 구하는 것이라네. 남이 던져준 답은 어차피 대증요법(對症療法)[3]에 불과해. 아무런 가치도 없지. 예를 들어, 소크라테스는 자신이 직접 쓴 책은 한 권도 남기지 않았지. 아테네 사람들, 특히 젊은이들과 노상에서 끊임없이 대화를 나누고 논쟁을 벌였을 뿐. 그의 철학을 저작이라는 형태로 후세에 남긴 사람은 제자인 플라톤이었어. 마찬가지로 아들러도 저술활동에는 거의 관심이 없었네. 대신 빈의 카페에서 사람들과 대화하거나 작은 토론모임에서 의견 나누기를 즐기던 인물이었지. 결코 팔걸이의자에 붙어 앉아 책만 파던 지식인은 아니었단 말일세.

청 년 소크라테스도 아들러도 대화를 통해 깨달음을 주었다는 말씀입니까?

철학자 그렇지. 자네가 안고 있는 여러 의문은 모두 나와 대화를 나누는 동안에 해소될 걸세. 그리고 자네는 변하게 될 거야. 내가 한 말에 의해서가 아니라 자네 스스로 말이지. 나는 대화를 통해 답을 찾는 그 귀중한 과정을 자네에게서 빼앗고 싶지 않네.

---

3 원인이 아닌 증상에 대해서만 처치하는 치료법. 예를 들어 머리가 아픈 데는 여러 가지 이유가 있지만, 일단 진통제를 주어 머리가 아픈 고통을 경감시키는 것을 말한다.

청　년　다시 말해, 소크라테스나 아들러가 나눈 것 같은 대
　　　　화를 우리 둘이서 재현한다는 거군요? 이 작은 서재
　　　　에서.

철학자　불만인가?

청　년　불만이라니요. 바라던 바입니다! 선생님이 지론을
　　　　철회할 때까지, 아니면 제가 무릎을 꿇을 때까지 계
　　　　속할 겁니다!

당신은 '이대로' 좋습니까?

철학자　그러면 아까 하던 이야기로 돌아가지. 자네는 Y처럼
　　　　더 밝은 사람이 되고 싶은 거로군?

청　년　하지만 선생님은 어려운 소원이라고 일축하셨죠. 뭐
　　　　그건 선생님 말씀이 옳습니다. 선생님을 곤란하게
　　　　하려고 물어본 것뿐이고, 그런 사람이 될 수 없다는
　　　　것쯤은 저도 잘 압니다.

철학자　왜 그렇게 생각하나?

청　년　간단합니다. 성격의 차이, 더 자세히 말하면 기질이
　　　　다르기 때문입니다.

철학자   허—.

청 년   예를 들어, 선생님은 이렇게 많은 책에 둘러싸여 살고 있습니다. 새로운 책을 읽고서 새로운 지식을 얻습니다. 이른바 지식을 쌓는 거죠. 읽으면 읽을수록 지식의 양은 늘어납니다. 그렇게 새로운 가치관을 얻으면 자신이 달라진 것 같은 기분에 빠집니다. 하지만 선생님, 안타깝게도 아무리 지식을 쌓은들 그 토대가 되는 기질이나 성격은 변하지 않습니다! 토대가 비스듬히 기울어 있으면 어떤 지식도 도움이 되지 않아요. 쌓인 지식은 단번에 와르르 무너져 내리고, 문득 정신을 차리고 보면 원래의 나로 돌아와 있다고요! 아들러의 사상도 마찬가지입니다. 내가 아들러에 관해 아무리 많은 지식을 쌓아도 제 성격까지 바꿀 수는 없어요. 쌓이다가 결국엔 무너질 테니까요!

철학자   그러면 이렇게 묻지. 자네는 왜 Y처럼 되고 싶은 거지? Y든 혹은 다른 누군가든, 자네는 다른 사람이 되기를 바라고 있어. 그 '목적'은 뭘까?

청 년   또 '목적'에 관한 얘깁니까? 방금 전에도 말씀드렸잖아요. Y를 좋아한다고요. 그 친구처럼 된다면 행복할 것 같습니다.

철학자　그 친구처럼 되면 행복할 것 같다. 그 말은, 자네는 지금 행복하지 않다는 거로군?

청　년　무슨요……!

철학자　자네는 지금 행복을 실감하지 못하고 있네. 왜냐하면 자네는 자신을 사랑하지 않으니까. 게다가 자신을 사랑하기 위한 수단으로 '다른 사람으로 다시 태어나기'를 바라고 있지. Y처럼 되고 싶어서 지금의 자신을 버리려고 하네. 아닌가?

청　년　……네, 맞아요! 인정합니다. 저는 제 자신이 싫어요! 지금 이렇게, 선생님의 시대에 뒤떨어진 철학 강의를 들으며 실없이 시간을 보내고 있는 제 자신이 못 견디게 싫습니다!

철학자　상관없네. 자기 자신을 좋아하느냐고 물었을 때, 가슴을 펴고 당당하게 '좋아한다'라고 말할 수 있는 사람은 얼마 없으니까.

청　년　선생님은 어떤데요? 자신을 좋아하십니까?

철학자　적어도 다른 사람이 되고 싶지는 않아. '이런 나'임을 받아들이고 있네.

청　년　'이런 나'라는 것을요?

철학자 　아무리 Y처럼 되고 싶어도 Y로 다시 태어날 수는 없다네. 알겠나? 자네는 Y가 아니야. 자네는 '자네'로 살면 되는 걸세. 하지만 '이대로의 자네'로 살아도 괜찮은가 하면, 그렇지는 않네. 행복을 실감하지 못하고 있다면 '이대로' 괜찮을 리가 없지. 그 자리에 있지 말고 한 발짝 앞으로 나가야 하네.

청　년 　뼈아픈 말이지만 확실히 그래요. 이대로의 제가 좋을 리 없어요. 앞으로 나가지 않으면 안 됩니다.

철학자 　다시 아들러가 했던 말을 인용해보지. "중요한 것은 무엇이 주어졌느냐가 아니라 주어진 것을 어떻게 활용하느냐이다." 자네가 Y나 다른 누군가가 되고 싶은 것은 '무엇이 주어졌는가'에만 주목하기 때문일세. 그러지 말고 '주어진 것을 어떻게 활용할 것인가'에 주목하게나.

나의 불행은 스스로 '선택'한 것

청　년 　아뇨아뇨. 그것은 무리예요.

철학자 　왜 무리인가?

청 년 유복하고 마음씨 고운 부모 밑에서 자란 사람이 있는가 하면, 가난하고 성격이 포악한 부모 밑에서 자란 사람도 있어요. 그것이 세상입니다. 게다가, 이런 이야기는 하고 싶지 않지만, 이 세계는 평등하지 않으며 지금도 인종이나 국적, 민족의 차이가 엄연히 존재합니다. 그러니 '무엇이 주어졌는가'에 주목하는 것은 당연해요. 선생님, 선생님의 말씀은 현실을 무시한 탁상공론에 불과하다고요!

철학자 현실을 무시하는 것은 자네지. '무엇이 주어졌는가'에 집착한다고 해서 현실이 변하나? 우리는 교환이 가능한 기계가 아닐세. 우리에게 필요한 것은 교환이 아니라 고쳐나가는 것이야.

청 년 저한테는 교환이나 고쳐나가는 것이나 똑같아요! 선생님은 핵심이 되는 부분을 교묘히 피해가고 있습니다. 아시겠어요? 태어나는 순간부터 불행은 존재합니다. 먼저 그것부터 인정하세요.

철학자 인정할 수 없네.

청 년 어째서요!

철학자 자네는 지금 행복을 실감하지 못하고 있네. 삶이 힘들게 느껴지고, 심지어 다른 사람으로 다시 태어나기를 간절히 바라고 있지. 하지만 지금 자네가 불행한 것은 자네 손으로 '불행한 상태'를 선택했기 때문일세. 불행의 별 아래에서 태어났기 때문이 아니라.

청 년 불행한 상태를, 제 손으로 선택했다고요? 그 말을 저더러 믿으라고요?

철학자 그리 터무니없는 소리는 아니야. 고대 그리스 시대부터 있던 말이지. 자네는 "누구 하나 악을 원하는 자는 없다"라는 말을 들어본 적이 있나? 일반인에게는 소크라테스의 역설(Socratic paradox)⁴로 잘 알려진 명제네만.

청 년 악을 원하는 사람이야 산처럼 많지 않나요? 강도와 살인범은 물론, 부정을 일삼는 정치가와 공무원도 그렇고요. 오히려 악을 원하지 않는 청렴결백한 선인(善人)을 찾는 편이 어려울 것 같은데요.

철학자 분명히 행위로서의 악은 숱하게 존재하네. 하지만 어떤 범죄자든지 순수하게 나쁜 짓을 하려는 의도로

4 역설(paradox)이란 '모순을 일으키기는 하지만 그 속에 중요한 진리가 함축되어 있는 진술'이다. 소크라테스는 모순되거나 해결 불가능한 역설 등을 통해 상대방이 논리의 모순이 있음을 자각시키는 논의를 즐겨했다. 즉 상대방을 '해결의 방도를 찾을 수 없는 난관의 상태'에 빠뜨린 다음 논리의 모순을 자각하게 했다. 그리스어로는 '아포리아(aporia)'라고 한다. 다만 소크라테스 본인이 '소크라테스의 역설'이란 말은 사용한 적이 없는 것으로 보아 후에 제자들이 붙인 것으로 추측하고 있다.

범행을 저지르지는 않네. 모든 범죄자에게는 범행을 저지를 만한 내적인 '마땅한 이유'가 있지. 가령 금전에 얽힌 원한 문제로 살인을 저질렀다고 하세. 이것도 당사자에게는 '마땅한 이유'이자 '선(善)'의 수행이라네. 물론 도덕적인 의미에서의 선이 아니라 '자기 자신에게 득이 된다'는 의미에서의 선이지만.

청 년 자신에게 득이 된다고요?

철학자 그리스어로 선을 뜻하는 '아가톤(agathon)'이란 단어에는 도덕적 의미 외에도 '득이 된다'라는 의미도 있네.[5] 반면 '악(惡)'을 뜻하는 '카콘(kakon)'이란 단어에는 '득이 되지 않는다'라는 의미가 있고.[6] 이 세계에는 부정이나 범죄 등 각종 악행이 만연해 있지. 하지만 순수한 의미에서 '악', 즉 '득이 되지 않는 것'을 원하는 사람은 한 명도 없다네.

청 년 ……그게 저랑 무슨 상관이죠?

철학자 자네는 인생의 어느 단계에선가 '불행한 상태'를 택했어. 불행한 운명으로 태어나서 그런 것도, 불행한

---

5 고대 그리스에서는 선의 개념을 넓게 보아, 좋은 행위와 의지를 뜻하는 도덕적 기준 말고도 긍정적 평가를 받을 수 있는 선택과 행위를 모두 포함했다. 즉 좋아 보이는 것, 사용하기에 좋은 것, 내게 좋은 목적을 이루기 위한 행위까지도 선으로 여겼다.
6 마찬가지로 고대 그리스에서는 악의 개념도 폭넓게 보았다. 올바르지 않은 일을 당하는 것, 화를 입는 것, 상대적인 불행 등도 악으로 여겼다.

상황에 처해서 그런 것도 아닐세. '불행한 상태'를 자신에게 '선'이라고 판단했기 때문이지.

청 년 왜요? 무엇을 위해서요!

철학자 자네에게 그래야 할 '마땅한 이유'가 무엇이었을까? 왜 스스로 '불행한 상태'를 택한 것일까? 그 구체적인 이유까지는 나는 모르네. 아마 대화를 나누다 보면 밝혀지겠지.

청년 ……선생님, 선생님은 저를 속이려 하고 있습니다! 인정할 것 같습니까, 그따위 철학을! 저는 절대로 인정할 수 없어요!

청년은 저도 모르게 의자에서 벌떡 일어나 철학자를 노려보았다. 이토록 불행한 삶을 내가 자발적으로 선택한 것이라고? 그것이 내게 '선'이었다고? 뭐 이런 황당한 논리가 다 있나! 왜 이렇게까지 나를 우롱하는 걸까? 대체 내가 무엇을 잘못했지? 반드시 논파해주리라. 내 발밑에 무릎 꿇게 하겠어. 청년의 얼굴이 점점 붉게 물들었다.

인간은 끊임없이 '변하지 않겠다'고 결심한다

철학자 앉게. 이대로라면 대화가 어긋나는 것도 무리는 아니지. 여기서 간단히 논의의 기본이 되는 부분, 즉 아들러 심리학이 인간을 어떻게 이해하고 있는지에 관해 설명하고 넘어가겠네.

청 년 간단하게요! 간단하게 부탁드립니다!

철학자 좀 전에 자네는 "인간의 성격이나 기질은 변하지 않는다"라고 말했네. 아들러 심리학에서는 그런 성격이나 기질을 '생활양식(life style)'이라는 말로 설명하네.

청 년 생활양식이요?

철학자 그래. 삶에 대한 사고나 행동의 경향을 가리키지.

청 년 사고나 행동의 경향이라고요?

철학자 그 사람이 '세계'를 어떻게 바라보는가, 그리고 '자신'을 어떻게 바라보는가 하는 '의미 부여 방식'을 집약시킨 개념이 생활양식이라고 생각하게. 좁게는 성격에서부터 넓게는 그 사람의 세계관이나 인생관까지 포함하는 말일세.

청 년 세계관이라면?

철학자 가령 "나는 비관적인 성격이야"라고 고민하는 사람
이 있네. 그것을 "나는 비관적인 '세계관'을 갖고 있
어"라고 바꿔서 생각해보자는 걸세. 문제가 자신의
성격에 있는 것이 아니라 세계관에 있다고 보는 거
지. 성격이란 말에는 변하지 않는다는 뉘앙스가 있
지만, 세계관이라면 변용시키는 것도 가능할 테니
말일세.

청 년 음, 어려운데요. 생활양식이란 '삶의 태도'와 비슷한
말인가요?

철학자 그런 표현도 가능하겠지. 좀 더 정확히 말하자면 '인
생을 사는 방식'이라고 할까. 자네는 기질이나 성격
이 본인의 의사와 관계없이 주어진 것이라고 생각하
겠지. 하지만 아들러 심리학에서는 생활양식을 스스
로 선택하는 것이라고 본다네.

청 년 스스로 선택한다고요?

철학자 그래. 자네는 자네의 생활양식을 스스로 선택한 걸세.

청 년 요컨대, 제가 '불행한 상태'뿐 아니라 이런 꼬인 성
격까지도 직접 택했다고요?

철학자 물론이지.

청 년 하, 아무리 그래도 그 의견에는 무리가 있어요. 제가

자네가 불행한 것은 과거의 환경 탓이 아니네.
그렇다고 능력이 부족해서도 아니고,
자네에게는 그저 '용기'가 부족한 것뿐이야.

철이 들었을 때에는 이미 이런 성격이 형성된 상태였어요. 고른 기억이 전혀 없다고요. 선생님도 그렇잖아요? 자신의 성격을 마음대로 선택할 수 있다니, 인간이 로봇도 아니고!

철학자 물론 의식적으로 '이런 나'를 선택한 것은 아닐세. 맨 처음 선택은 무의식적이었을지도 몰라. 게다가 선택하는 데에는 자네가 여러 번 말한 외적 요인, 즉 인종과 국적, 문화, 가정환경까지도 크게 영향을 미치니까. 그럼에도 '이런 나'를 선택한 것은 자네일세.

청 년 무슨 말인지 모르겠습니다. 대체 언제 선택했다는 건가요?

철학자 대략 열 살 전후라는 것이 아들러 심리학의 견해이지.

청 년 그럼 100보 양보해서, 아니 200보 양보해서 열 살이던 내가 무의식중에 그 생활양식인지를 뭔지를 스스로 선택했다고 하지요. 그런데 대체 그게 어떻다는 거죠? 성격이든 기질이든 생활양식이든, 저는 이미 '이런 나'가 되었습니다. 상황은 아무것도 달라지지 않잖아요?

철학자 그렇지 않네. 만약 생활양식이 선천적으로 주어진 것이 아니라 스스로 선택한 것이라고 한다면 다시 선택하는 것도 가능할 테지.

청 년 다시 선택한다고요?

철학자 자네는 지금까지 자네의 생활양식이 뭔지 몰랐을 거야. 어쩌면 생활양식이라는 개념조차 몰랐을 테고. 물론 태어나는 것을 마음대로 할 수는 없지. 이 나라에서 태어난 것, 이 시대에 태어난 것, 지금의 부모 밑에서 태어난 것, 전부 내가 택하진 않았으니까. 게다가 그것들은 꽤 큰 영향력을 갖고 있지. 불만도 있을 테고, 다른 사람을 보고 "저런 환경에서 태어나고 싶었는데" 하며 부러워하는 마음도 있을 거야. 하지만 거기서 끝내서는 안 되네. 문제는 과거가 아닌 지금 '여기'에 있네. 자네는 지금 여기에서 생활양식을 알게 됐어. 그렇다면 이제부터 어떻게 할 것인가는 자네 책임이야. 여태까지의 생활양식을 유지하는 것도, 새로운 생활양식을 선택하는 것도 모두 자네 판단에 달렸지.

청 년 그러면 어떻게 해야 다시 선택할 수 있나요? "네가 그 생활양식을 택했으니 당장 다시 선택해!"라고 한들 그 자리에서 바꿀 수는 없잖아요!

철학자 아니, 자네는 바꾸지 못하는 게 아니야. 인간은 언제든, 어떤 환경에 있든 변할 수 있어. 자네가 변하지 않는 것은, 스스로 '변하지 않겠다'고 결심했기 때문이네.

청 년 도대체 왜요?

철학자 인간은 끊임없이 자신의 생활양식을 선택한다네. 지금, 이렇게 무릎을 맞대고 의견을 나누는 이 순간에도 선택을 하지. 자네는 자신이 불행한 사람이라고 했어. 지금 당장 변하고 싶다고, 심지어 다시 태어나고 싶다고 하소연했네. 그럼에도 왜 변하지 못하는 것일까? 그것은 자네가 생활양식을 바꾸지 않겠다고 끊임없이 결심해왔기 때문이지.

청 년 아니, 도저히 갈피를 못 잡겠네요. 저는 변하고 싶어요. 이는 한 치의 거짓도 없이 진심입니다. 왜 변하지 않겠다고 결심하겠어요?

철학자 조금 불편하고 부자유스럽긴 해도, 지금의 생활양식에 익숙해져서 이대로 변하지 않고 사는 것이 더 편하니까. '이대로의 나'로 살아간다면 눈앞에 닥친 일에 어떻게 대처해야 할지, 그리고 그 결과 어떤 일이 일어날지 경험을 통해 추측할 수 있어. 비유하자면

68

오래 탄 차를 운전하는 상태인 거네. 다소 덜거덕거려도 차의 상태를 고려해가며 몰면 되지. 하지만 새로운 생활양식을 선택하면 새로운 자신에게 무슨 일이 일어날지도 모르고, 눈앞의 일에 어떻게 대처해야 할지도 몰라. 미래를 예측할 수 없어서 불안한 삶을 살게 되지. 더 힘들고, 더 불행한 삶이 기다리고 있을지 몰라. 즉 인간은 이런저런 불만이 있더라도 '이대로의 나'로 사는 편이 편하고, 안심되는 거지.

청 년 　변하고는 싶지만 변하는 것이 두렵다?

철학자 　생활양식을 바꾸려고 할 때, 우리는 큰 '용기'가 있어야 하네. 변함으로써 생기는 '불안'을 선택할 것이냐, 변하지 않아서 따르는 '불만'을 선택할 것이냐. 분명 자네는 후자를 택할 테지.

청 년 　……방금 또 '용기'라고 하셨습니다.

철학자 　그래. 아들러 심리학은 용기의 심리학일세. 자네가 불행한 것은 과거의 환경 탓이 아니네. 그렇다고 능력이 부족해서도 아니고. 자네에게는 그저 '용기'가 부족한 것뿐이야. 말하자면 '행복해질 용기'가 부족한 거지.

청　년　행복해질 용기라…….

철학자　설명이 더 필요한가?

청　년　아뇨, 잠시만 기다려주세요. 왠지 머릿속이 혼란스
럽습니다. 선생님은, 세계는 단순한 곳이라고 말씀
하셨어요. 세계가 복잡하게 보이는 것은 '나'의 주관
이 그렇게 한 것이라고요. 인생이 복잡한 것이 아니
라 '내'가 인생을 복잡하게 만드는 것이고, 그것이
행복하게 사는 것을 방해한다고 하셨죠. 그리고 프
로이트의 원인론이 아닌 목적론에 입각해서 살아야
한다고도 하셨습니다. 과거에서 원인을 찾아서는 안
된다, 트라우마를 부정해라, 인간은 과거의 원인에
떠밀려 행동하는 것이 아니라 어떤 목적을 달성하기
위해 행동한다, 라고요.

철학자　그랬지.

청　년　나아가 목적론의 대전제로서 "인간은 변할 수 있다"
라고 말씀하셨습니다. 인간은 늘 스스로 생활양식을
선택한다면서.

철학자　그래.

70

청 년   내가 변하지 않는 것은 다름 아닌 나 자신이 '변하지
       않겠다'는 결심을 반복했기 때문이다, 나에게는 새
       로운 생활양식을 선택할 용기가 부족하다, 즉 '행복
       해질 용기'가 부족하다, 그래서 나는 불행한 것이다.
       말한 것 중 제가 잘못 이해한 것이 있습니까?

철학자 없네.

청 년   그렇다면 문제는 '어떻게 하면 생활양식을 바꿀 수
       있는가'라는 구체적인 방안이 되겠군요. 이 부분은
       아직 설명하지 않으셨습니다.

철학자 맞아, 그랬지. 자네가 지금 당장 해야 할 일은 뭘까?
       바로 지금의 생활양식을 버리겠다고 결심하는 걸
       세. 이를테면 방금 전에 자네는 "만약 Y처럼 될 수
       있다면 행복해질 수 있다"라고 말했네. 그런 식으로
       "만약 ~였더라면"이라고 하는 가능성 속에서 사는
       동안에는 절대 변할 수가 없어. 왜냐하면 자네는 변
       하지 않을 핑계로 "만약 Y처럼 될 수 있다면"이라고
       말한 거니까.

청 년   변하지 않을 핑계라고요?

철학자 내가 아는 젊은 친구 중에 소설가를 꿈꾸면서도 도
       무지 글을 한 줄도 쓰지 못하는 이가 있네. 그의 말

에 따르면, 일하느라 바빠서 소설 쓸 시간이 없고 그러다 보니 원고를 완성하지 못해서 문학상에 응모할 여력도 없다는 거야. 과연 그럴까? 사실은 응모하지 않음으로써 '할 수 있다'는 가능성을 남겨두고 싶은 거라네. 남의 평가를 받고 싶지도 않고, 더욱이 졸작을 써서 냈다가 낙선하게 되는 현실에 마주치고 싶지 않은 거지. 시간만 있으면 할 수 있다, 환경만 허락된다면 쓸 수 있다, 나는 그런 재능이 있다는 가능성 속에서 살고 싶은 걸세. 아마 그는 앞으로 5년, 10년이 지나면 "이제는 젊지 않으니까" 혹은 "가정이 있어서"라는 다른 핑계를 대기 시작하겠지.

청 년 ……저는 그 친구 분의 심정을 충분히 이해해요.

철학자 문학상에 응모했다가 떨어지면 좀 어떤가? 그걸 계기로 더 성장할 수도 있고, 아니면 다른 길을 찾으면 되지. 어쨌거나 시도를 해야 앞으로 나아갈 수가 있다네. 지금의 생활양식을 바꾼다는 것은 그런 거야. 시도하지 않으면 한 발자국도 나아갈 수 없어.

청 년 꿈이 깨질지도 모르잖아요!

철학자 뭐 어떤가. 단순한 과제—해야 할 일—를 앞두고 '할 수 없는 이유'를 이리저리 찾는 게 더 고달픈 삶이라

고 생각하지 않나? 소설가를 꿈꾸는 내 친구의 경우
는 '본인 스스로'가 인생을 복잡하게 만들고 행복하
게 사는 것을 방해하는 요인일세.

청　년　잔인해요⋯⋯. 선생님의 철학은 너무 잔인합니다!

철학자　확실히 극약 처방일지 모르지.

청　년　극약 처방이고말고요!

철학자　하지만 세계와 자신에 대해 어떤 의미를 부여하느냐
　　　　(생활양식)에 따라 세계와 관계를 맺는 법, 그리고 행
　　　　동도 변할 수밖에 없지. 여기서 '변할 수밖에 없다'
　　　　는 점에 주목하길 바라네. 자네는 '자네'인 채로 그
　　　　저 생활양식을 고르기만 하면 되는 걸세. 잔인할
　　　　지는 모르지만 간단하지.

청　년　그게 아닙니다. 제가 잔인하다고 한 것은 그런 뜻이
　　　　아니라고요! 선생님의 말씀을 듣고 있으면 "트라우
　　　　마는 존재하지 않아, 환경도 관계없어. 모든 것이 자
　　　　업자득이고, 네가 불행한 것도 다 네 탓이야" 하는
　　　　것 같아서 단죄당하는 느낌이라고요!

철학자　아니, 자네를 탓하는 게 아닐세. 오히려 아들러의 목
　　　　적론은 "지금까지의 인생에 무슨 일이 있었든지 앞
　　　　으로의 인생에는 아무런 영향도 없다"라고 말해주는

거지. 인생을 결정하는 것은 '지금, 여기'를 사는 자
네라고 말일세.

청 년   내 인생은 지금, 여기에서 결정된다?

철학자   그래. 과거는 존재하지 않으니까.

청 년   ……좋습니다. 선생님, 저는 선생님의 지론에 100퍼
센트 동의하진 않아요. 납득되지 않는 부분, 반론하
고 싶은 부분이 아직도 잔뜩 있습니다. 하지만 동시
에 한번쯤 생각해볼 가치는 있다고 여깁니다. 아들
러의 심리학을 더 배우고 싶은 것도 사실이고요. 오
늘 밤은 이쯤에서 물러나고 다음 주에 다시 찾아 뵈
어도 될까요? 안 그러면 머릿속이 터질 것 같아요.

철학자   좋네. 혼자서 생각할 시간도 필요하겠지. 나는 늘 이
방에 있으니 자네만 괜찮으면 언제든지 찾아오게.
덕분에 즐거웠네. 고마우이. 다시 의견을 나눠보세.

청 년   마지막으로 하나 더요. 오늘 토론이 격해지면서 다
소 말을 함부로 한 것 같습니다. 죄송합니다.

철학자   신경 쓰지 말게. 플라톤의 《대화편》을 읽어보길 바라
네. 소크라테스의 제자들은 깜짝 놀랄 정도로 격의
없이 소크라테스와 대화를 나눈다네. 본디 그것이
대화의 참 모습인지도 몰라.

모든 고민은 인간관계에서 비롯된다

청년은 약속한 대로 정확히 일주일 후에 철학자의 서재를 방문했다. 사실은 2~3일 후에라도 쳐들어가고 싶은 심정이었다. 생각을 거듭하는 동안에 청년의 의심은 확신으로 변했다. 즉 목적론은 궤변이고 트라우마는 확실히 존재한다. 인간은 과거를 잊을 수 없거니와 과거에서 해방될 수도 없다. 오늘이야말로 괴짜 철학자의 지론을 깨뜨리고 모든 논란의 종지부를 찍으리라.

왜 자기 자신을 싫어하는가

청 년 선생님, 그날 이후 머리를 식히고 이리저리 생각해 보았습니다. 하지만 역시 저는 선생님의 지론에 동의할 수가 없습니다.

철학자 허, 어디에 의문을 느꼈는가?

청 년 이를테면, 저는 며칠 전에 저 자신을 싫어한다는 것을 인정했습니다. 아무리 노력해도 단점밖에 보이지 않고, 좋아할 이유가 없으니까요. 하지만 당연히 저도 저 자신을 좋아하고 싶습니다. 선생님은 무엇이든 '목적'으로 설명하시려고 하지만, 대체 어떤 목적이 있어서, 다시 말해 어떤 이익이 있어서 저 자신을 싫어한단 말입니까? 스스로를 싫어해봤자 얻을 게 없는데요.

철학자 과연 그렇군. 자네는 스스로 장점 따위는 없다고 느끼는군. 단점밖에 없다고 느끼고 있어. 사실이 어떻든 간에 스스로 그렇게 느끼는 거지. 요컨대 자기평가가 현저히 낮네. 문제는 왜 그렇게 비굴하게 느끼고 있느냐, 왜 스스로를 낮게 평가하고 있느냐 하는 걸세.

청 년 실제로 제게 장점이 없기 때문이죠.

철학자 그렇지 않네. 단점만 눈에 들어오는 것은 자네가 '나 자신을 좋아하지 말자'라고 결심했기 때문이야. 자신을 좋아하지 않겠다는 목적을 달성하기 위해 장점을 보지 않고 단점에만 주목하는 걸세. 먼저 그 점을 이해해야 하네.

청 년 나 자신을 좋아하지 말자고 결심했다고요?

철학자 그래. 자기 자신을 좋아하지 않는 것이 자네에게는 '선'인 셈이지.

청 년 대체 왜요? 무엇을 위해서요?

철학자 그 부분은 스스로 생각하는 편이 좋을지도 모르겠군. 자네는 자신에게 어떤 단점이 있다고 생각하나?

청 년   선생님도 벌써 눈치 채셨을 거예요. 먼저 성격을 꼽
       을 수 있지요. 자신감이 없고 매사에 비관적입니다.
       게다가 자의식 과잉이라서 남의 시선을 지나치게 의
       식합니다. 그래서 자연스럽게 행동하지 못하고 어딘
       가 연극조로 말하고 행동하죠. 성격뿐 아니라 얼굴
       과 체격도 뭐 하나 마음에 드는 게 없네요.

철학자   그렇게 단점을 말하고 나면 기분이 어떤가?

청 년   정말 잔인한 분이로군요! 그야 기분이 좋지는 않죠.
       뭐 저처럼 성격이 꼬인 남자하고 사귀고 싶은 사람
       은 없을 겁니다. 저도 제 주변에 이렇게 비굴하고 성
       가신 남자가 있다면 사양하겠습니다.

철학자   그래, 슬슬 결론이 보이는군.

청 년   무슨 말씀인가요?

철학자   자신의 얘기라서 이해하기 어렵다면 다른 사람의 예
       를 들어보지. 나는 이 서재에서 간단한 상담도 하고
       있네. 벌써 몇 년 전의 일인데, 한 여학생이 찾아왔었
       지. 아, 마침 자네가 앉은 그 의자에 앉았다네. 그 여
       학생의 고민은 적면공포증(赤面恐怖症)[1]이었네. 사람

---

1 가족이 아닌 사람이나 많은 사람 앞에 나아갈 때, 혹은 특정한 인물과 만날 때 안색이 붉
  어지는 것이 고민되고 걱정되는 신경증을 말한다.

들 앞에 나서면 얼굴이 빨개진다면서 무슨 수를 써서라도 적면공포증을 고치고 싶다고 했지. 그래서 내가 물었네. "만약 적면공포증이 나으면 무엇을 하고 싶지?" 그러자 여학생은 사귀고 싶은 남자가 있다고 털어놓았네. 남몰래 짝사랑 중인 남자가 있는데 아직 마음을 털어놓지 못했다고. 적면공포증이 나으면 바로 그에게 고백하고 사귀고 싶다고 했네.

청 년   유후! 좋은데요. 지극히 여학생다운 상담이지 않습니까. 마음에 둔 남자에게 고백하려고 적면공포증을 고친다니.

철학자   정말로 그럴까? 내 견해는 다르다네. 그 여학생은 왜 적면공포증에 걸린 것일까? 왜 적면공포증이 낫지 않는 걸까? 그것은 여학생이 '얼굴이 붉어지는 증상을 필요로 하기 때문'일세.

청 년   아니, 무슨 말씀을 하시는 겁니까? 그 여학생은 고치고 싶다고 말했다면서요.

철학자   그 여학생에게 가장 두려운 것, 가장 피하고 싶은 것이 뭐라고 생각하나? 물론 그 남자에게 차이는 걸세. 실연으로 인해 '나'의 존재와 가능성을 모조리 부정당하는 것. 사춘기의 실연에는 그런 측면이 강하게 있으니까. 그런데 적면공포증을 앓는 한 그 여학생은 "내가 그 남자와 사귀지 못하는 것은 적면공포증 때문이야"라고 할 수 있어. 고백할 용기를 내지 않아도 되고, 설령 차인다고 해도 스스로를 납득시킬 수 있지. 마침내는 "만약 적면공포증이 나으면 나도……"라는 가능성 속에서 살 수 있다네.

청 년   그러면 고백하지 못하는 자신에 대한 핑계로, 혹은 그 남자에게 차였을 때의 보험으로 적면공포증에 걸렸다는 건가요?

철학자   단적으로 말하자면 그렇지.

청 년   재미있군요. 흥미로운 해석이에요. 하지만 말이죠, 설령 그렇다고 한들 뾰족한 수가 없지 않습니까? 어차피 그 여학생은 적면공포증을 필요로 하고, 실제로도 적면공포증으로 고생하고 있잖아요? 그 고민은 영원히 끝나지 않아요.

철학자   그래서 나는 여학생과 이런 얘기를 나눴네. "적면공포증쯤이야 간단히 고칠 수 있지." "정말이요?" "하지만 나는 고쳐주지 않을 거란다." "왜요?" "넌 적면공포증 덕분에 너 자신과 세상에 대한 불만, 뜻대로 되지 않는 인생을 납득할 수 있어. 모든 걸 적면공포증 탓으로 돌리면서." "설마요……." "만약 내가 적면공포증을 고쳐주어도 현실이 달라지지 않으면 너는 어떻게 할까? 아마 너는 이곳에 다시 찾아와 '적면공포증에 도로 걸리게 해주세요'라고 떼를 쓰겠지. 그것은 내가 감당할 수 없는 상담이야."

청 년 음.

철학자 이건 그 여학생에게만 해당되는 얘기가 아닐세. 수험생은 '시험에 합격하면 장밋빛 인생이 펼쳐질 것'이라고 기대하고, 회사원은 '직업을 바꾸면 만사가 술술 풀릴 것'이라고 기대하지. 하지만 막상 바라던 것이 이루어져도 상황이 뭐 하나 달라지지 않는 것을 흔히 볼 수 있다네.

청 년 그렇죠.

철학자 적면공포증을 고치고 싶다는 환자가 나타났을 때, 카운슬러는 그 증상을 고쳐서는 안 되네. 그러면 스스로 다시 일어서기가 힘들어지거든. 아들러 심리학의 관점에서는 그렇게 본다네.

청 년 그러면 구체적으로 어떻게 하면 되나요? 고민을 듣고도 그대로 방치하라는 겁니까?

철학자 그 여학생은 자신감이 없었네. 이대로 고백했다가

82

는 차일 게 틀림없어, 그러면 점점 자신을 잃고 상처 받게 될 거야, 하는 공포심이 있었어. 그래서 적면공포증이라는 증상을 만들어낸 걸세. 이에 내가 할 수 있는 일이란 일단 '지금의 나'를 받아들이고, 결과가 어떻든지 간에 앞으로 나아갈 용기를 갖게 하는 것이라네. 이러한 접근 방식을 아들러 심리학에서는 '용기 부여'라고 하지.

청 년 용기 부여요?

철학자 그래. 그 핵심 내용에 관해서는 논의가 좀 더 진행되고 나서 체계적으로 설명하도록 하지. 지금은 그럴 단계가 아닐세.

청 년 설명만 제대로 해주신다면 언제든 상관없습니다. '용기 부여'라는 말, 기억해두겠습니다. 그래서 결국 그 여학생은 어떻게 되었습니까?

철학자 친구들과 어울리며 그 남자와도 놀러갈 기회가 생겼고, 나중에 그 남자로부터 사귀고 싶다는 고백을 받았다고 하더군. 물론 그 여학생이 다시 이 서재에 찾아오는 일은 없었네. 그 후로 적면공포증이 어떻게 되었는지는 나도 몰라. 다만, 아마도 더 이상 필요하지 않았겠지.

청 년 어디까지나 필요로 하지 않았다는 말씀이군요.

철학자 그렇지. 그렇다면 그 여학생에 관한 일화를 바탕으로 자네의 문제를 생각해보세. 자네는 단점만 보여서 좀체 자신을 좋아할 수 없다고 했어. 그리고 이렇게 말했지. "이렇게 성격이 꼬인 남자하고 사귀고 싶은 사람은 없을 겁니다"라고. 이제는 알았겠지. 왜 자네가 자기 자신을 싫어하는지, 왜 단점에만 집중하며 스스로를 좋아하지 않게 되었는지. 그것은 자네가 남에게 미움을 사고 인간관계 속에서 상처받는 것을 지나치게 두려워하기 때문일세.

청 년 무슨 뜻인가요?

철학자 적면공포증에 걸린 여학생이 좋아하는 남자에게 차이는 것을 두려워하듯 자네는 남에게 부정당하는 것을 두려워하네. 누군가에게 무시당하고, 거절당하고, 마음에 깊은 상처를 입는 것을 무서워하지. 그런 상황에 휘말리느니 처음부터 아무와도 관계를 맺지 않는 편이 낫다고 생각하는 걸세. 즉 자네의 '목적'은 '다른 사람과의 관계에서 상처받지 않는 것'이라네.

청 년 …….

철학자 그러면 어떻게 해야 그 목적을 이룰 수 있을까? 답은 간단해. 자신의 단점을 찾아내서 스스로를 미워하고 인간관계에 발을 들여놓지 않으면 되네. 그렇게 자신의 껍데기 안에 틀어박혀 있으면 누구와도 관계를 맺지 않아도 되고, 남에게 거절을 당했을 때도 이유를 댈 수 있지. 나는 이런 단점이 있어 거절당했다고, 이런 단점만 없으면 나도 사랑받을 수 있다고.

청 년　하, 보기 좋게 간파당했군요!

철학자　그렇게 얼렁뚱땅 넘어가려고 해서는 안 되네. 단점으로 똘똘 뭉친 '이런 나'로 사는 것은 자네에게는 그 무엇과도 바꿀 수 없는 '선', 즉 득이 되는 셈이지.

청 년　에이, 이런 새디스트! 선생님은 정말 악마 같은 분이세요! 인정하고 싶지 않지만 말씀대로입니다!

철학자　인정하는 것은 훌륭한 태도일세. 하지만 잊지 말게. 인간관계에서 상처받지 않는 것은 기본적으로 불가능해. 인간관계에 발을 들여놓으면 크든 작든 상처를 받게 되어 있고, 자네 역시 누군가에게 상처를 주게 되지. 아들러는 말했네. "고민을 없애려면 우주 공간에서 그저 홀로 살아가는 수밖에 없다." 하지만 그것은 불가능하지.

모든 고민은 '인간관계에서 비롯된 고민'이다

....

청 년 　잠깐만요! 그건 그냥 흘려들을 수 없는 말인데요?
　　　　"고민을 없애려면 우주 공간에서 그저 홀로 살아가
　　　　는 수밖에 없다"라니, 무슨 뜻입니까? 혼자 살아간다
　　　　면 세찬 고독에 마주하게 될 텐데요?

철학자 　고독을 느끼는 것은 자네가 혼자라서가 아닐세. 자
　　　　네를 둘러싼 타인·사회·공동체가 있고, 이러한 것들
　　　　로부터 소외되고 있다고 느끼기 때문에 고독한 거
　　　　지. 우리는 고독을 느끼는 데도 타인을 필요로 한다
　　　　네. 즉 인간은 사회라는 맥락 속에서 비로소 '개인'
　　　　이 되는 걸세.

청 년 　정말로 혼자라면, 다시 말해 우주 공간에 단 한 명만
　　　　존재한다면 '개인'도 아닐뿐더러 고독도 느끼지 않
　　　　는다는 말씀인가요?

철학자 　아마 고독이란 개념조차 없을 걸세. 말도 필요 없고,
　　　　논리나 상식(공통감각)도 필요 없게 되겠지. 하지만
　　　　그런 일은 있을 수 없어. 비록 무인도에 살지라도 머
　　　　나먼 바다 저편에 있는 '누군가'를 떠올리지. 혼자
　　　　있는 밤일지라도 누군가가 새근새근 자는 소리에 귀

를 기울인다네. 어딘가에 누군가가 있는 한 고독이
닥치게 되어 있어.

청 년 하지만 방금 전에 하신 말씀은, 바꿔 말하면 "우주
공간에서 혼자서 살아갈 수 있다면 고민은 사라진
다"라는 뜻이 되지 않습니까?

철학자 논리상으로는 그렇지. 어쨌든 아들러는 "인간의 고
민은 전부 인간관계에서 비롯된 고민이다"라고 단언
했으니까.

청 년 네? 지금 뭐라고 말씀하셨어요?

철학자 몇 번이고 말해주지. "인간의 고민은 죄다 인간관계
에서 비롯된 고민이다." 이는 아들러 심리학의 근저
에 흐르는 개념일세. 만약 이 세계에 인간관계가 사
라진다면 그야말로 우주 공간에는 단 한 사람만 존
재하고, 다른 사람이 사라진다면 온갖 고민도 사라
질 걸세.

청 년 엉터리예요! 그딴 것은 학자의 궤변에 불과합니다!

철학자 물론 인간관계를 없애는 것은 불가능하네. 인간은
본질적으로 타인의 존재를 전제로 하네. 다른 사람
과 떨어져 사는 것은 원리적으로는 불가능해. '우주
공간에서 혼자 살아갈 수 있다면'이라는 전제가 성

립할 수 없는 것은 자네가 말한 대로야.

청 년 제가 말한 것은 그런 문제가 아닙니다! 분명히 인간관계는 중요한 문제겠죠. 그건 인정합니다. 하지만 모든 것이 인간관계에서 비롯된 고민이라니, 아무리 그래도 너무 극단적인 논리입니다! 선생님은 인간관계에서 벗어난 고민, 개인이 개인으로서 몸부림치고 괴로워하는 고민, 자기 내면을 향한 고민을 모조리 부정하시는 겁니까?

철학자 개인에 국한되는 고민, 이를테면 내면의 고민이라는 것은 존재하지 않아. 어떤 종류의 고민이든 거기에는 반드시 타인의 그림자가 드리워져 있지.

청 년 선생님, 그러고도 선생님이 철학자입니까? 인간에게는 인간관계 같은 것보다 훨씬 고상하고 훨씬 위대한 고민이 존재합니다! 행복이란 무엇인가, 자유란 무엇인가, 인생의 의미란 무엇인가. 바로 고대 그리스 이래 철학자들이 끊임없이 탐구해온 주제(thema)들이 아닌가요? 그런데 뭐라고요? 인간관계가 전부다? 어쩌면 그렇게 속물 같은 답변을 하실 수 있죠? 철학자들이 들으면 어이없어 할 겁니다!

철학자 그렇군. 조금 더 구체적으로 설명을 해야겠어.

청 년 네, 설명해주세요! 선생님이 자신을 철학자라고 생각하신다면 이 부분을 똑바로 설명해주셔야 합니다. 그렇지 않으면 곤란해요!

철학자는 말했다. 자네는 대인관계를 두려워한 나머지 자기 자신을 싫어하게 된 것이라고. 자신을 싫어함으로써 인간관계로부터 도망친 것이라고. 그 지적은 청년을 크게 동요시켰다. 인정하지 않을 수 없는, 심장을 꿰뚫는 듯한 말이었다. 하지만 인간의 고민이 전부 인간관계에서 비롯된 것이라는 주장에는 절대 동의할 수 없었다. 아들러는 인간이 안고 있는 문제를 사소한 것으로 치부했다. 하지만 나는 그런 세속적인 고민으로 괴로워하는 것이 아니다!

열등감은 주관적인 감정이다

철학자 그러면 인간관계에 대해 조금 시각을 달리해서 이야기를 나눠보지. 자네는 열등감이라는 말을 들어본 적 있나?

청 년 뭐 그런 바보 같은 질문을 하세요. 지금까지 제 얘기를 들어서 아시잖아요. 저는 열등감으로 똘똘 뭉친 남자라고요.

철학자 구체적으로 어떤 열등감이지?

청 년 예를 들어, 신문 등을 통해 저와 비슷한 또래가 활약하는 모습을 보고 있으면 이루 말할 수 없는 열등감을 느껴요. 같은 시간을 살아온 누군가는 저렇게 활약하고 있는데, 대체 나는 뭘 하고 있나 싶은 생각이 들어서요. 친구의 행복한 모습을 볼 때도 축복해주고 싶은 마음보다 질투와 초조함이 앞섭니다. 주근깨로 뒤덮인 얼굴도 마음에 들지 않고, 학력이나 직업, 연봉 등 사회적 지위에 대해서도 심한 열등감을 느낍니다. 뭐 온몸이 열등감으로 똘똘 뭉쳤다고 해도 과언이 아니죠.

철학자 알겠네. 참고로 말하자면, 열등감이란 단어를 현재 통용되는 맥락으로 처음 쓴 사람이 아들러라고 알려져 있네.

청 년 허, 그건 몰랐네요.

철학자 아들러는 열등감을 '민더베르티히카이트게퓔(Min-derwertigkeitsgefühl)'이라고 했네. 독일어로 '가치(Wert)'가 '더 적은(minder)' '느낌(Gefühl)'이라는 뜻이지. 즉 열등감이란 자신에 대한 가치판단[2]과 관련된 말이지.

청 년 가치판단이요?

철학자 부정적일 때는 나는 가치가 없다, 이 정도 가치밖에 안 돼, 라는 느낌으로 쓰이지.

청 년 아, 그 느낌이라면 제가 잘 압니다. 제가 바로 그래요. 나 같은 건 살아 있을 가치도 없다면서 날마다 스스로를 탓하죠.

철학자 그러면 내 열등감에 관해 말해볼까? 자네는 처음에 나를 보고 어떤 인상을 받았나? 신체적인 특징을 말해본다면?

청 년 음, 그러니까 그게……

철학자 기탄없이 솔직하게 말해보게.

청 년 그게, 상상했던 것보다 몸집이 작구나 싶었습니다.

철학자 고맙네. 내 키는 155센티미터일세. 아들러도 나와 비슷했다더군. 예전에 나는—내 나이가 자네만 했을 때—키가 작은 것이 이만저만 고민이 아니었네. 남들만큼만 키가 크면, 딱 20센티미터만, 아니 10센티

---

2 판단하는 사람의 가치관이 개입되는 판단으로 객관적인 진위 판별은 어렵다. 즉 주관적인 의미가 강하다. 미에 대한 기준이 대표적이다.

미터만 더 커도 뭔가 달라지지 않을까, 더 즐거운 인생이 기다리고 있지 않을까 했지. 이런 생각을 친구한테 털어놓았더니 "쓸데없는 소리!"라고 일축해버리더군.

청 년 ……너무하다! 뭐 그런 사람이 다 있어!

철학자 뒤이어 그 친구는 이렇게 말했네. "키는 커서 뭐 하려고? 너는 사람을 편하게 하는 재능이 있잖아." 생각해보니 그렇더군. 체격이 크고 우락부락한 남자는 그 자체로 상대방에게 위압감을 주지. 하지만 나처럼 체구가 작으면 상대방도 경계심을 풀지. 그렇구나, 과연 체구가 작다는 것은 내게도 주변 사람에게도 괜찮은 일이구나, 하고 생각하게 됐지. 즉 가치전환[3]을 하게 된 걸세. 이후로는 키에 관해서 더는 고민하지 않았네.

청 년 음, 하지만 그건…….

철학자 끝까지 듣게. 여기서 중요한 것은 155센티미터라는 내 키가 열등하지 않았다는 점일세.

청 년 열등하지 않았다고요?

---

3 니체가 만든 용어로 지금까지의 도덕적 가치, 지금까지 금지하였거나 업신여겼던 가치를 긍정하는 태도를 뜻한다.

철학자 실제로 뭔가가 결여되었거나 뒤처진 것이 아니었다는 뜻일세. 분명히 155센티미터라는 키는 평균보다 작아. 게다가 객관적으로 측정된 숫자라서 언뜻 보면 열등하게 느껴지지. 하지만 문제는 그 키에 내가 어떤 의미를 부여하느냐, 어떤 가치를 주느냐 하는 점이지.

청 년 무슨 뜻이죠?

철학자 내가 내 키에 대해 느낀 열등감은 어디까지나 타인과의 비교—다시 말해 인간관계—를 통해 만들어 낸 주관적인 감정이었네. 만약 비교해야 할 타인이 존재하지 않았다면 나는 내 키가 작다는 생각 따위는 하지도 않았을 테니까. 자네도 지금 이런저런 열등감에 괴로워하고 있겠지. 하지만 그것은 객관적인 '열등성(劣等性)'이 아니라 주관적인 '열등감(劣等感)'이라는 것을 이해하게. 키에 관한 문제조차 주관이 개입하지.

청 년 요컨대, 우리를 괴롭히는 열등감은 '객관적 사실'이 아니라 '주관적 해석'이라는 건가요?

철학자 그렇지. 나는 "너한테는 사람을 편안하게 하는 재능이 있잖아"라는 친구의 말을 듣고 한 가지 깨달음을 얻었네. 내 키도 사람을 편안하게 하거나 다른 사람에게 위압감을 주지 않는다는 관점에서 보면 나름대로 장점이 된다는 것을. 물론 이는 주관적인 해석일세. 더 구체적으로 말하자면 내 마음대로 생각하는 거지. 그런데 주관적으로 생각하면 좋은 점이 하나 있네. 자신의 뜻대로 선택이 가능하다는 점. 내 키를 장점으로 볼 것인가, 단점으로 볼 것인가 하는 것은 모두 주관에 달린 문제라서 나는 어느 쪽이나 선택할 수 있지.

청 년 생활양식을 다시 선택하라던 논의가 생각나는데요?

철학자 그래. 우리는 객관적 사실을 움직이지는 못해. 하지만 주관적 해석은 얼마든지 움직일 수가 있지. 우리는 주관적인 세계에 살고 있네. 이에 관해서는 첫날에 말했을 거야.

청 년 네. 여름이든 겨울이든 18도를 유지하는 우물물에 비유해서요.

철학자 그럼 열등감을 가리키는 독일어 '민더베르티히카이트게퓔(Minderwertigkeitsgefühl)'을 떠올려보게. 방금 전에 나는 그 단어가 가치판단과 관계있다고 말했네. 그렇다면 대체 가치란 무엇일까? 예를 들어 비싼 값에 거래되는 다이아몬드. 혹은 돈. 우리는 여기에 어떤 가치를 매기고 1캐럿에 얼마라거나 물가가 어떻다고 말하네. 하지만 다이아몬드 같은 건 관점을 바꾸면 한낱 돌멩이에 불과하지.

청 년 뭐 이론상으로는 그렇죠.

철학자 요컨대 가치란 사회적인 맥락에서 성립하는 거라네. 1달러짜리 지폐에 주어진 가치는 상식(공통감각)의 하나이긴 하지만, 객관적으로는 가치가 없지. 인쇄물로서 원가를 고려해도 1달러어치의 가치도 없다네. 만약 이 세계에 나를 제외하고 아무도 존재하지 않는다면, 나는 1달러짜리 지폐를 난로에 던져 넣고 불을 지필 걸세. 코를 풀지도 몰라. 그와 같은 논리로 내 키에 관해서도 고민할 필요가 없었던 거지.

청 년 ……이 세계에 나를 제외하고 아무도 존재하지 않는다면?

철학자 그래. 가치의 문제도 최종적으로는 인간관계로 환원되는 거지.

청 년 모든 고민은 인간관계에서 비롯된 고민이라는 말과도 연결되는군요?

철학자 그렇지.

변명으로서의 열등 콤플렉스

청 년 하지만 열등감을 정말로 인간관계의 문제라고 단언
할 수 있을까요? 예를 들면 사회적으로 성공했다고
여겨지는 사람, 다시 말해 인간관계에서 비굴해질
필요가 없는 사람에게도 어느 정도는 열등감이 있잖
아요? 엄청난 부를 쌓은 사업가도, 누구나 부러워하
는 절세 미녀도, 혹은 올림픽에서 금메달을 딴 운동
선수도 모두 열등감에 시달리고 있어요. 적어도 내
눈에는 그렇게 보여요. 이것은 어떻게 생각해야 하
죠?

철학자 아들러도 열등감은 누구에게나 있다고 인정했네. 열
등감 자체는 조금도 나쁜 게 아닐세.

청 년 그러고 보면, 인간은 왜 열등감을 느끼는 걸까요?

철학자 그건 순서대로 이해할 필요가 있어. 우선 인간은 무
기력한 존재로 이 세상에 태어났네. 그리고 무기력
한 상태에서 벗어나려는 보편적인 욕구를 갖고 있
지. 아들러는 이를 '우월성 추구'라고 했네.

청 년 우월성 추구요?

철학자 여기서는 간단히 '향상되기를 바라는 것', '이상적인

상태를 추구하는 것'이라고 생각하면 될 거야. 예를 들어 아장아장 걷는 아기는 두 발로 서게 되고, 말을 배워서 주변 사람들과 자유로이 의사소통을 하게 되지. 우리는 모두 무기력한 상태에서 벗어나기를 바라고, 더 나아지길 바라는 보편적인 욕구를 갖고 있네. 인류사 전체를 보자면 과학의 진보도 '우월성 추구'라고 할 수 있고.

청 년 그렇군요. 그래서요?

철학자 이와 대조를 이루는 것이 열등감일세. 인간은 누구나 더 나아지길 바라며 우월성을 추구하지. 그래서 어떠한 이상과 목표를 내걸고 그것을 향해 전진한다네. 하지만 거기에 도달하지 못하면 내가 뭔가 모자라다고 느끼게 돼. 요리사의 경우 그 뜻이 높으면 높을수록 "여전히 서투르다", "더 깊은 맛을 내야 한다"는 식으로 일종의 열등감을 안고 있지.

청 년 흠, 그렇죠.

철학자 아들러는 "우월성 추구도 열등감도 병이 아니라 건강하고 정상적인 노력과 성장을 하기 위한 자극이다"라고 말했네. 열등감도 제대로만 발현하면 노력과 성장의 촉진제가 되는 거지.

청 년 열등감을 도약의 발판으로 삼는단 거군요?

철학자 그렇지. 인간은 내면에 자리한 열등감을 없애기 위해 더욱 전진하려고 하네. 현재에 만족하지 않고 한 발이라도 더 앞으로 나아가려고 하고 더 행복해지려고 하네. 열등감이 이런 방향으로 나간다면 아무 문제가 없어. 그런데 한 발 내디딜 용기도 내지 못하고 '상황은 현실적인 노력에 따라 달라질 수 있다'는 사실을 받아들이지 못하는 사람들이 있지. 아무것도 하지 않으면서 "어차피 나 같은 건", "어차피 열심히 해봤자"라며 포기하는 사람들 말이야.

청 년 아, 맞아요. 열등감이 심하면 누구나 부정적이 되어 "어차피 나 같은 건" 하고 생각하게 돼요. 그게 열등감이잖아요.

철학자 아니, 그건 열등감이 아니라 열등 콤플렉스야.

청 년 콤플렉스? 그게 그거 아닌가요?

철학자 주의하게. 현재 우리 사회에서는 '콤플렉스'라는 말이 열등감과 같은 말처럼 쓰이고 있지. "나는 홑꺼풀이 콤플렉스예요"라거나 "그 남자는 학벌 콤플렉스가 있어요"라는 식으로 말이야. 이건 완전히 잘못 쓰고 있는 거라네. 원래 콤플렉스란 복잡하게 얽힌 도착(倒錯)적인 심리 상태를 표현하는 용어로 열등감과는 관계가 없네. 예를 들어, 프로이트가 제기한 '오이디푸스 콤플렉스'만 봐도 동성 부모에 대한 도착적인 대항심이라는 맥락으로 파악되지.

청 년 아, 확실히 마더 콤플렉스나 파더 콤플렉스에는 도착의 뉘앙스가 있네요.

철학자 마찬가지로 '열등감'과 '열등 콤플렉스'도 혼동하지 말고 정확하게 구분해서 써야 하네.

청 년 구체적으로 어떻게 다른데요?

철학자 열등감 자체는 그다지 나쁜 게 아닐세. 이것은 이해했지? 아들러도 말했듯이 열등감은 노력과 성장을 자극하는 계기가 되기도 하니까. 가령 학력에 열등감을 느껴 "나는 학력이 낮다, 그러니 남보다 몇 배 더 노력하자"라고 결심한다면 도리어 바람직하지 않나. 하지만 열등 콤플렉스는 자신의 열등감을 변명거리로 삼기 시작한 상태를 가리킨다네. 구체적으로는 "나는 학력이 낮아서 성공할 수 없다"라고 하거나 "나는 못생겨서 결혼을 할 수가 없다"라고 말하는 사람들이지. 이렇게 일상생활에서 "A라서 B를 할 수 없다"라는 논리를 내세우는 것은 이미 열등감의 범주를 벗어난 걸세. 그건 열등 콤플렉스지.

청 년 아니아니, 방금 선생님이 든 사례들은 확실히 인과
관계가 있어요! 학력이 낮으면 취직자리도 출세의
기회도 얻지 못해요. 사회적으로 낮게 평가받고 성
공하지 못한다고요. 이것은 핑계도 뭣도 아니고 엄
연한 사실이잖아요?

철학자 틀렸네.

청 년 왜죠? 어디가 틀렸다는 건가요?

철학자 자네가 말한 인과관계에 관해 아들러는 '무늬만 인
과법칙'이라는 용어로 설명하고 있네. 원래는 어떤
인과관계도 없는 것을, 마치 중대한 인과관계가
있는 것처럼 스스로에게 설명하고 납득한다고 말
이야. 며칠 전에도 "내가 결혼하지 못하는 이유는 어
린 시절에 부모님이 이혼한 탓이에요"라고 말하는
사람이 있었네. 프로이트의 원인론 관점에서 보자면
부모의 이혼은 큰 트라우마이자 그 사람의 결혼관과
밀접한 인과관계에 놓여 있지. 하지만 아들러는 목
적론 입장에서 그것을 '무늬만 인과법칙'이라며 경
계했네.

청 년 하지만 현실에서는 학력이 높은 사람이 사회적으로

쉽게 성공한다고요! 선생님도 그 정도 세상 돌아가는 이치는 아시잖아요.

철학자 문제는 그런 현실을 어떻게 직시하느냐 하는 걸세. 가령 자네가 '나는 학력이 낮아서 성공할 수 없다'라고 생각한다면, 그것은 '성공할 수 없는 것'이 아니라 '성공하고 싶지 않은 것'으로 봐야겠지.

청 년 성공하고 싶지 않다고요? 무슨 논리로요?

철학자 간단히 말해 한 발 앞으로 내미는 것이 무서운 거지. 현실적인 노력을 하고 싶지 않다, 지금 누리고 있는 즐거움—예를 들면 놀거나 취미를 즐기는 시간—을 희생해서까지 변하고 싶지 않다. 즉 생활양식을 바꿀 '용기'가 없는 거라네. 다소 불만스럽고 부자유스럽지만 지금 이대로가 더 편한 거지.

자랑하는 사람은 열등감을 느끼는 사람

청 년 그야 그럴지도 모르지만…….

철학자 나아가 학력에 열등 콤플렉스가 있어서 '나는 학력이 낮아서 성공할 수 없다'라고 생각한다면, 그건 거꾸로 말해 '학력만 높으면 나는 크게 성공할 것이다' 하는 논리가 되기도 하네.

청 년 음, 그렇죠.

철학자 그것이 열등 콤플렉스가 지닌 또 다른 측면이라네. 자신의 열등 콤플렉스를 말이나 태도로 밝히는 사람, "A라서 B를 할 수 없다"라고 말하는 사람은 A만 아니면 나는 유능하고 가치 있는 존재라는 것을 은연중에 암시하는 셈이지.

청 년 이것만 아니면 나도 할 수 있다는 거죠.

철학자 그래. 열등감에 관해 아들러는 "열등감을 오랫동안 참아낼 수 있는 사람은 아무도 없다"라고 지적했네. 누구나 열등감을 갖고 있지만 언제까지나 그 상태를 참고 견딜 수는 없다, 그만큼 압박감이 큰 것이라고 했지.

청 년 네? 좀 헷갈리는데요?

철학자 하나씩 차근차근 설명해주지. 열등감이 있는 상태, 그것은 현재 상황의 '나'에게 어떤 모자람을 느끼는 상태라네. 그렇다면 문제는…….

청 년 모자란 부분을 어떻게 채울 것인가 하는 점이겠지요.

철학자 그렇지. 모자란 부분을 어떻게 보상할 것인가 하는 점. 가장 건전한 형태는 노력과 성장을 통해 채우려는 걸세. 예를 들어 학문에 힘쓰거나, 연습에 매진하거나, 일에 열정을 쏟는 식으로 말이지. 하지만 그런 용기를 내지 못하는 사람은 열등 콤플렉스에 빠지게 돼. 좀 전의 예를 다시 들어볼까? '학력이 낮아서 성공할 수 없다'라는 것은 바꿔 말하면 '학력만 높으면 쉽게 성공할 수 있다'라는 뜻이 되기도 하지. 자신의 유능함을 암시하는 거야. 지금은 학력이라는 덮개에 가려져 보이지 않지만 '진정한 나'는 우월하다고 말일세.

청　년　아니아니, 뒤에 하신 말씀은 이미 열등감이 아니에요. 외려 허세를 부리고 있는데요?

철학자　그렇지. 열등 콤플렉스는 또 다른 특수한 심리 상태로 발전하기도 한다네.

청　년　뭔가요, 그게?

철학자　아마 들어본 적 없는 말일 거야. '우월 콤플렉스'라고 하지.

청　년　우월 콤플렉스요?

철학자　심한 열등감에 괴로워하면서도 노력과 성장 같은 건전한 수단을 이용해서 보완할 용기가 없어. 그렇다고 "A라서 B를 할 수 없다"라는 열등 콤플렉스도 더는 견뎌낼 수 없지. '못난 나'를 받아들일 수가 없거든. 그러면 인간은 더 값싼 수단으로 보상하려고 한다네.

청 년 어떻게요?

철학자 마치 자신이 우월한 것처럼 행동하며 '거짓 우월성'에 빠지는 걸세.

청 년 거짓 우월성?

철학자 가까운 예로 '권위 부여'를 들 수 있지.

청 년 뭡니까, 그게?

철학자 예를 들어 자신이 권력자—학급 반장에서부터 저명인사까지 광범위하지—와 각별한 사이라는 것을 짐짓 어필하는 걸세. 그를 통해 자신이 특별한 존재인 것처럼 행세하지. 경력을 속이거나, 옷이나 장신구 등 브랜드 제품을 과시하는 것도 일종의 권위 부여이자 일부분 우월 콤플렉스라고 할 수 있지. 어떤 경우든 '나'라는 존재가 우월하다거나 특별해서 그런 것이 아닐세. '나'와 권위를 연결시킴으로써 마치 '나'라는 사람이 우월한 것처럼 꾸미는 거지. 즉 거짓 우월성일세.

청 년   그 밑바닥에 강렬한 열등감이 있다는 말이군요?

철학자   물론이지. 나는 패션에 관해서는 잘 몰라. 하지만 열 손가락 모두 다 루비 반지와 에메랄드 반지를 낀 사람이 있다고 한다면, 그것은 미적 감각의 문제라기보다는 열등감의 문제, 즉 우월 콤플렉스의 증거라고 봐야겠지.

청 년   그렇죠.

철학자   단 권위의 힘을 빌려서 자신을 포장하는 사람은 결국 다른 사람의 가치관에 맞춰 다른 사람의 인생을 살게 되지. 이건 꼭 짚고 넘어가야 하는 부분이라네.

청 년   흠, 우월 콤플렉스라……. 흥미로운 심리군요. 또 다른 사례는 없습니까?

철학자   자기 공을 자랑하며 뽐내고 싶어 하는 사람. 과거의 영광에 매달려 걸핏하면 가장 빛나던 시절의 추억담을 늘어놓는 사람. 아마 자네 주변에도 있을 걸세. 이런 것도 우월 콤플렉스라고 할 수 있지.

청 년   자기 공을 자랑하는 게요? 바람직한 태도라고 할 수는 없지만, 실상 그럴 만하니까 자랑하는 거겠죠. 거짓 우월성이라고는 할 수 없을 듯한데요.

철학자   아니지. 일부러 말로 자랑하며 뽐내는 사람은 외려 자신에 대한 믿음이 없다네. 아들러도 분명히 지적했지. "만약 자랑하는 사람이 있다면 그것은 열등감을 느끼는 것에 불과하다."

청 년 자랑은 열등감의 발로다?

철학자 그렇지. 정말로 자신 있는 사람은 자랑하지 않아. 열등감이 심하니까 자랑하는 걸세. 자신이 우월하다는 것을 일부러 과시하려고 하네. 그렇게라도 하지 않으면 주위에 누구 한 사람 '이런 나'를 인정해주지 않을까 봐 겁이 나거든. 이는 완벽한 우월 콤플렉스라네.

청 년 ······그러니까 열등 콤플렉스와 우월 콤플렉스가 의미는 달라도 실상 뿌리는 같다는 말씀인가요?

철학자 서로 밀접하게 연결되어 있지. 그러면 마지막으로 자랑에 관한 예를 하나 더 들어보겠네. 열등감 자체를 첨예화시켜 특이한 우월감에 빠지는 패턴이라네. 구체적으로는 '불행 자랑'이라고 하지.

청 년 불행 자랑이요?

철학자 성장 과정에서 자신이 겪은 불행을 마치 뽐내듯 말하는 사람, 타인이 위로하거나 변화를 권하면 "너는 내 심정이 어떤지 몰라" 하면서 도움의 손길을 뿌리치는 사람을 가리킨다네.

청 년 뭐 그런 사람이 있기야 하지만…….

철학자 이런 사람들은 불행한 것을 '특별'하다고 여기고, 불행함을 내세워 남보다 위에 서려 하지. 가령 내 키가 작은 것. 이에 대해 마음씨 고운 누군가가 "신경 쓸 필요 없어", "인간의 가치는 그런 걸로 정해지지 않아"라고 위로했다고 치세. 하지만 여기서 내가 "네가 키 작은 사람의 고민에 대해서 뭘 알아!"라고 받아친다면 이제 누구도 아무 말도 꺼내지 않을 걸세. 주변 사람들은 마치 상처 난 부위를 어루만지듯 나를 조심스럽게―아니, 신중하게―대하겠지.

청 년 그렇겠죠.

철학자 그러면 나는 다른 사람보다 우위에 있고 '특별'해지는 거지. 병에 걸렸을 때, 다쳤을 때, 실연으로 마음에 상처를 입었을 때에도 적지 않은 사람이 이런 태도를 취하며 '특별한 존재'가 되려고 한다네.

청 년 자신의 열등감을 드러내놓고 마치 무기처럼 휘두르는 거군요?

철학자 그렇지. 불행을 무기로 상대방을 지배하려고 해. 자신이 얼마나 불행하고, 얼마나 괴로운지 알림으로써

주변 사람들——이를테면 가족이나 친구——을 걱정시
키고, 그들의 말과 행동을 속박하고 지배하려 들지.
첫날 말했던, 집에 틀어박혀서 지내는 사람들은 곧
잘 불행을 무기로 하는 우월감에 빠지네. 아들러가
"오늘날 연약함은 매우 강한 권력을 지닌다"라고 지
적했을 정도야.

청 년 연약함이 권력이다?

철학자 아들러는 말했지. "오늘날 누가 가장 강한지 자문해
보라. 갓난아기가 논리적인 답이 될 것이다. 갓난아
기는 지배하지만 지배받지 않는다." 갓난아기는 연
약한 존재라서 어른들을 지배할 수 있네. 그리고 연
약하기 때문에 누구에게도 지배받지 않지.

청 년 ······그런 관점에서는 생각해보지 않았습니다.

철학자 물론 상처를 입은 사람이 "너는 내 마음을 이해 못
해"라고 하는 말에도 어느 정도는 사실이 포함되어
있겠지. 당사자의 기분을 온전히 이해하기란 도저히
불가능하니까. 하지만 자신의 불행을 '특별'하기 위
한 무기로 휘두르는 한 그 사람은 영원히 불행을 필
요로 할 수밖에 없네.

열등감에서 촉발된 일련의 논쟁. 열등 콤플렉스와 우월 콤 플렉스. 심리학적으로 중요한 키워드임에는 분명하지만, 그 본질은 청년이 생각했던 것과는 크게 달랐다. 여전히 마음에 걸리는 것이 있었다. 도대체 어느 부분이 납득되지 않는 것일까? 그래, 도입 부분. 즉 전제에 의문을 품은 것이다. 청년은 조용히 입을 열었다.

인생은 타인과의 경쟁이 아니다

청　년　하지만 아무래도 잘 모르겠습니다.

철학자　무엇이든 물어보게.

청　년　아들러는 더 뛰어난 존재가 되려고 하는 '우월성 추구'에 관해서는 보편적인 욕구라고 인정했습니다. 반면에 과도한 열등감이나 우월감에 대해서는 경종을 울리죠. 차라리 '우월성 추구' 자체를 부정하면 이해하기 쉬울 텐데, 그건 인정하거든요. 우리더러 어떻게 하라는 겁니까?

철학자　이렇게 생각해보게. '우월성 추구'라고 하면 남보다 우월하려는 욕구, 다른 사람을 넘어트려서까지 위로

올라가려는 욕구를 떠올리기 쉽네. 남을 밀어내고 계단을 오르는 이미지랄까. 물론 아들러는 그런 태도를 긍정하진 않았어. 그렇게 하지 않고 평평한 땅에 앞서 걷는 사람이 있는가 하면, 그 뒤를 걷는 사람도 있지. 그런 장면을 상상해보게. 걸어온 거리와 걷는 속도는 다르지만 다 같이 평평한 길을 걷는 장면을. '우월성 추구'란 자신의 발을 한 발 앞으로 내디디려는 의지를 말하는 거지, 남보다 더 높은 곳으로 가려고 경쟁하려는 의사가 아닐세.

청 년 인생은 경쟁이 아니란 건가요?

철학자 그렇네. 누구와도 경쟁하지 않고 그저 앞을 보고 걸으면 되는 거지. 물론 다른 사람과 굳이 비교할 필요도 없네.

청 년 아뇨, 그것은 무리예요. 우리는 어찌되었든 남과 비교해요. 열등감이란 바로 거기에서 비롯되는 것 아닙니까?

철학자 건전한 열등감이란 타인과 비교해서 생기는 것이 아니라 '이상적인 나'와 비교해서 생기는 것이라네.

청 년 하지만······.

철학자 알겠나, 우리는 저마다 달라. 성별, 연령, 지식, 경험, 외모까지 같은 사람은 없다네. 다른 사람과 차이가 있다는 것은 나도 순순히 인정해. 하지만 모든 인간은 '같지는 않지만 대등'한 존재일세.

청 년 같지는 않지만 대등하다?

철학자 그래. 인간은 누구나 달라. 그 '차이'를 선악이나 우열과 엮으면 안 된다는 걸세. 어떤 차이가 있든 우리는 대등하니까.

청 년 인간에게는 상하 구별이 없다. 뭐 이론상으로는 그렇지요. 하지만 선생님, 여기서 우리는 현실적인 얘기를 하려는 게 아닌가요? 가령 어른인 저와 덧셈과 뺄셈도 할 줄 모르는 어린아이가 정말로 대등하다고 할 수 있습니까?

철학자 지식이나 경험의 양, 그로부터 주어지는 책임의 양에는 차이가 있겠지. 신발 끈을 잘 매지 못하고, 복잡한 방정식도 못 풀지 몰라. 문제를 일으켰을 때 어른만큼 책임을 지지 않을지도 모르고. 하지만 그런 걸로 인간의 가치를 정할 수는 없어. 내 대답은 한결같네. 모든 인간은 '같지는 않지만 대등'하네.

청 년 그러면 선생님은 어린아이를 어엿한 어른으로 대하라는 겁니까?

철학자 아니. 어른으로 대하라는 것도, 아이로 대하라는 것
도 아닐세. 쉽게 '인간 대우'를 하라는 거지. 나와 같
은 한 인간으로 진지하게 대하라는 걸세.

청 년 그러면 질문을 바꾸겠습니다. 모든 인간은 대등하
다, 같은 길을 걷는다. 그래도 거기에는 '차이'가 있
죠? 앞서 걷는 사람은 뛰어나고, 뒤에서 쫓아가는 사
람은 뒤떨어지는. 결국은 우열의 문제에 다다르지
않을까요?

철학자 그렇지 않네. 앞서 걸으나 뒤에서 걸으나 관계없어.
쉽게 말해 우리는 세로축이 존재하지 않는 평평한
공간을 걷고 있네. 우리가 걷는 것은 누군가와 경쟁
하기 위해서가 아니야. 지금의 나보다 앞서 나가려
는 것이야말로 가치가 있다네.

청 년 선생님은 모든 경쟁에서 자유로우십니까?

철학자 물론일세. 지위와 명예를 좇지 않고 재야의 철학자로
서 세속의 경쟁과는 연이 없는 삶을 살고 있으니까.

청 년 그것은 경쟁에서 내려왔음을, 즉 패배를 인정한다는
뜻입니까?

철학자 아니. 승부를 다투는 장소에서 물러났다는 표현이

맞겠지. 내가 나로서 살려고 할 때 경쟁은 필히 방해가 된다네.

청 년 선생님, 그건 삶에 지친 노인네들이나 할 법한 얘기 잖아요! 저처럼 젊은 사람은 말이죠, 경쟁이라는 긴 장감 속에서 자기를 채찍질하지 않으면 안 돼요. 곁에서 달리는 라이벌이 있기 때문에 나도 최선을 다할 수 있는 거라고요. 대체 인간관계를 경쟁으로 보는 것이 왜 나쁘다는 거죠?

철학자 만약 그 라이벌이 자네에게 '친구'라고 불리는 존재라면 자신을 연마할 기회가 되겠지. 하지만 대부분의 경우, 경쟁 상대는 친구가 될 수 없다네.

청 년 무슨 뜻이죠?

내 얼굴을 주의 깊게 보는 사람은 나뿐이다

철학자 지금까지 나눈 대화를 정리해보지. 처음에 자네는 아들러가 말한 '모든 고민은 인간관계에서 비롯된 고민이다'라는 정의(定義)에 불만을 제기했지? 그리고 그것이 열등감을 둘러싼 논쟁으로 번졌고.

청　년　아, 맞다. 열등감에 관한 이야기가 너무 강렬해서 깜빡 잊고 말았네요. 도대체 열등감에 관한 이야기는 왜 하신 건가요?

철학자　경쟁과 연결된 얘기니까. 기억하게. 인간관계의 중심에 '경쟁'이 있으면 인간은 영영 인간관계에 대한 고민에서 벗어나지 못하고, 불행에서 벗어날 수가 없어.

청　년　어째서요?

철학자　경쟁의 끝에는 승자와 패자만이 남으니까.

청　년　승자와 패자라, 그게 무슨 문제가 됩니까?

철학자　구체적으로 자네의 일이라고 생각해보자고. 자네가 주변 사람들에게 '경쟁' 의식을 느끼고 있다고 하세. 그런데 경쟁에는 승자와 패자가 있어. 이런 관계에서는 승패를 의식할 수밖에 없지. "A는 이 명문대학교에 들어갔고, B는 저 대기업에 취직했고, C는 그렇게 아름다운 여성과 사귀고 있어. 그에 비하면 나는 요 모양이네." 이런 식으로 말이야.

청　년　하핫, 상당히 구체적이네요.

철학자　경쟁이나 승패를 의식하면 필연적으로 생기는 것이 열등감이야. 늘 자신과 타인을 비교하고 이 사람에

사회적으로 성공을 거두고도
행복을 못 느끼는 사람이 많은 까닭은,
그들이 늘 경쟁 속에서 살기 때문이지.
경쟁에서 벗어나면 세계를 보는 눈이 완전히 달라질 걸세.

게는 이겼어, 저 사람에게는 졌어, 라는 생각을 하기 때문이네. 열등 콤플렉스나 우월 콤플렉스는 그 연장선상에 있지. 그렇다면 이때 자네에게 타인은 어떤 존재가 될까?

청 년 글쎄요, 라이벌인가?

철학자 아니, 단순한 라이벌이 아닐세. 언제부터인가 자네를 제외한 모든 사람을, 더 나아가서는 세계를 '적'으로 느끼게 된다네.

청 년 적이요?

철학자 즉 사람들은 늘 자네를 무시하고, 비웃고, 틈만 나면 공격하고 곤경에 빠트리려는 방심할 수 없는 적이고, 이 세계는 무서운 장소라고 말일세.

청 년 방심할 수 없는 적과의…… 경쟁이라고요?

철학자 경쟁의 무서움이 그걸세. 설사 패자가 되지 않아도, 경쟁에서 계속 이긴다고 할지라도 경쟁 속에서 사는 사람은 마음이 편할 새가 없어. 패배자가 되고 싶지 않아. 그리고 패자가 되지 않으려면 늘 이겨야 하지. 남을 믿을 수도 없어. 사회적으로 성공을 거두고도 행복을 느끼지 못하는 사람이 많은 까닭은, 그들이 늘 경쟁 속에서 살기 때문이지. 그들에게는 세계가 적으로 넘쳐나는 위험한 장소니까.

청 년   그야 그럴지도 모르지만……

철학자   하지만 실제로 다른 사람들이 그렇게 '자네'를 주시하고 있을까? 자네를 24시간 감시하며 조금이라도 틈이 보이면 공격하려고 호시탐탐 기회를 노리고 있을까? 아마 아닐걸. 내가 아는 젊은 친구는 소년 시절에 거울 앞에서 오랫동안 머리를 빗는 습관이 있었다는군. 그러자 할머니께서 그 친구에게 이렇게 말씀하셨다고 하네. "네 얼굴을 주의 깊게 보는 사람은 너뿐이란다." 그날 이후로 그는 삶이 조금 편해졌다고 하더군.

청 년   허, 선생님은 정말 짓궂은 분이세요. 지금 저 들으라고 하신 말씀이죠? 확실히 저는 주변 사람들을 적으로 보는지도 몰라요. 언제 어디서 공격의 화살이 날아올까 두려워서 견딜 수가 없어요. 늘 다른 사람에게 감시당하고, 냉혹한 평가의 대상이 되어 공격당하는 것 같아요. 그리고 이런 증상이 거울에 정신이 팔린 소년처럼 자의식 과잉 반응인 것도 알고, 실제로도 그렇겠지요. 세상 사람들은 나 같은 건 주목하지 않아요. 설령 제가 물구나무를 서서 길을 걷는다고 해도 눈곱만큼도 신경 쓰지 않을 거예요. 하지만 보세요, 선생님. 제 열등감이, 결국 제가 '선택'한 것이라면 무슨 '목적'이 있는 걸까요? 솔직히 저는 도저히 그 의견을 받아들일 수가 없습니다.

철학자 왜지?

청 년 저한테는 세 살 많은 형이 있습니다. 부모님 말씀 잘 듣고, 공부도 운동도 잘하고, 타고난 성품이 그림 같은 형이. 저는 어린 시절부터 그런 형과 끊임없이 비교당하며 자랐습니다. 물론 저보다 세 살이나 많은 형을 도저히 이길 수가 없었어요. 그런 차이는 고려하지도 않고 부모님은 저를 인정해주지 않았습니다. 어린애 취급은 물론이요, 무슨 말을 해도 아니라며 너는 가만히 있으라고 윽박질렀습니다. 그렇게 저는 열등감으로 똘똘 뭉친 채 형과의 경쟁을 의식하면서 살아올 수밖에 없었다고요!

철학자 그렇군.

청 년 저는 말이죠, 이런 생각을 한 적이 있어요. 나는 햇빛을 받지 못하고 자란 잡풀이라고요. 열등감으로 비뚤어진 것도 당연하죠. 그런 환경에서도 곧게 잘 자라는 사람이 있으면 데려와보세요!

철학자	알겠네. 자네 심정은 충분히 이해해. 그러면 형과의 관계를 포함해서 '경쟁'에 관해 생각해보자고. 만약 자네가 형이나 그 외 다른 인간관계를 경쟁이라는 관점에서 보지 않았다면 그 사람들은 어떤 존재가 되었을까?
청 년	글쎄요, 형은 형이고 남은 남이겠죠.
철학자	아니, 더 가까운 '친구'가 되었을 걸세.
청 년	친구요?
철학자	자네가 전에 말했지? "행복해 보이는 사람을 진심으로 축복할 수가 없다"라고 말이야. 그것은 인간관계를 경쟁으로 바라보고 타인의 행복을 '나의 패배'로 여기기 때문에 축복하지 못한 걸세. 하지만 일단 경쟁의 도식에서 해방되면 누군가에게 이길 필요가 없네. '질지도 모른다'는 공포에서도 해방되지. 다른 사람의 행복을 진심으로 축복할 수 있게 되고, 다른 사람의 행복을 위해 적극적으로 공헌할 수 있게 되네. 그 사람이 곤경에 처했을 때 언제든 도움의 손길을 내어줄, 믿을 수 있는 타인. 그것이 친구가 아니면 무엇이겠나.
청 년	으음.

철학자　중요한 건 지금부터야. '사람들은 내 친구다'라고 느
　　　　낄 수 있다면 세계를 보는 눈이 완전히 달라질 걸세.
　　　　더는 세계를 위험한 장소로 보지도 않고, 불필요한
　　　　시기심이나 의심에 눈이 멀지도 않을 걸세. 대신에
　　　　세계가 안전하고 쾌적한 장소로 보이게 되겠지. 인
　　　　간관계에 관한 고민도 눈에 띄게 줄어들 걸세.

청　년　……그러면 얼마나 행복할까요! 하지만 그런 건 해
　　　　바라기나 가능해요. 햇볕을 충분히 쐬고 물도 충분
　　　　히 받고 자란 해바라기. 어두컴컴한 그늘에서 자란
　　　　잡풀은 그렇게 될 수 없어요!

철학자　자네는 다시 원인론으로 회귀했군.

청　년　네, 그렇고말고요!

　엄격한 부모 밑에서 자란 청년은 어린 시절부터 형과 비교
당하며 억압을 받아왔다. 어떤 의견을 말해도 묵살을 당했
고, 모자란 놈이라는 폭언을 들었다. 학교에서도 친구를 사
귀지 못하고, 쉬는 시간에는 도서실에 틀어박혀 지냈다. 도
서실만이 자신의 유일한 안식처였다. 그런 소년 시절을 보
낸 청년은 원인론의 맹신자가 되어버렸다. 만약 그런 부모
밑에서 자라지 않았더라면, 그런 형 밑에서 태어나지 않았

더라면, 그런 학교에 다니지 않았더라면 더 밝은 인생을 살았을 텐데. 되도록 냉정하게 이야기하려던 청년이었으나, 마침내 오랜 세월 쌓아온 응어리를 터트리고 말았다.

권력투쟁에서 복수로

청 년 알겠습니까, 선생님? 목적론은 궤변이고 트라우마는 확실히 존재합니다! 그리고 인간은 과거에서 자유로워질 수 없어요! 선생님도 인정하지 않으셨습니까? 우리는 타임머신을 타고 과거로 돌아갈 수 없다고. 과거가 과거로 존재하는 한, 우리는 과거와 연결되어 살 수밖에 없습니다. 만약 과거를 없던 것으로 친다면, 그것은 자신이 걸어온 인생을 부정하는 것과 같다고요! 선생님은 그런 무책임한 삶을 선택하라고 말씀하시는 겁니까!

철학자 그래, 타임머신을 탈 수도 없고 시계 침을 되돌릴 수도 없지. 하지만 과거에 일어난 일에 어떤 의미를 부여할 것인가, 그것이 '지금의 자네'에게 주어진 과제일세.

청 년 그러면 '지금'에 대해서 묻겠습니다. 지난번에 선생님은 "인간은 분노라는 감정을 지어낸다"라고 말씀하셨죠? 목적론의 입장에서 보면 그렇다고요. 저는 지금도 그 말이 납득이 가질 않습니다. 예를 들어 사회에 대해, 정치에 대해 분노하는 경우는 어떻게 설명하실는지요? 이것도 자신의 주장을 밀어붙이기 위해 지어낸 감정이라고 할 수 있을까요?

철학자 분명 사회적인 문제에 분노를 느낄 때가 있지. 하지만 그것은 돌발적인 감정이 아니라 논리가 뒷받침된 분노지 않은가? 사적인 분노(私憤)와 사회의 모순 및 부정에 대한 분노(公憤)는 종류가 다르네. 사적인 분노는 금세 식지. 반면 공적인 분노는 오래가네. 사적인 분노는 타인을 굴복시키려는 도구에 불과하네.

청 년 사적인 분노와 공적인 분노는 다르다?

철학자 전혀 다르지. 공적인 분노는 자신의 이해(利害)를 넘어선 것이니까.

청 년 그러면 사적인 분노에 대해 묻겠습니다. 아무리 선생님이라도 별다른 이유도 없이 매도를 당하면 화가 나시겠죠?

철학자 나지 않네.

청 년 거짓말하지 마세요!

철학자 만약 면전에서 욕을 먹었다면 그 사람이 숨겨놓은 '목적'이 뭔지 생각할 걸세. 면전에서 욕을 먹었을 뿐 아니라 상대의 언동으로 진짜로 화가 났을 때는, 상대가 '권력투쟁'을 위해 싸움을 거는 것이라고 생각하게.

청 년 권력투쟁이요?

철학자 예를 들어, 아이가 어른에게 짓궂은 장난을 칠 때가 있네. 대개 그런 장난은 자신에게 주목하게 만들려는 심산이라서 어른이 진짜로 화를 내기 직전에 그친다네. 하지만 만약 이쪽이 정말로 화를 낼 때까지 그만두지 않는다면, 그 목적은 '싸우는 것' 자체에 있네.

청 년 싸우려고 하다니, 원하는 게 뭐죠?

철학자 이기고 싶은 거지. 이겨서 자신의 힘을 증명하고 싶은 걸세.

청 년 잘 이해가 되지 않네요. 좀 더 구체적인 예를 들어주시겠어요?

철학자 가령 자네가 친구와 요즘 정치 상황에 대해 의견을 나눴다고 하세. 머지않아 논쟁이 가열되면서 서로 한 치도 물러서지 않는 언쟁이 계속되고, 결국 상대방이 인신공격을 하기에 이르렀네. 그러니까 네가 멍청한 거야, 너 같은 놈들 때문에 이 나라가 변하지 않는 거야 등.

청 년 그런 말을 들으면 이쪽에서도 더는 참을 수가 없지요.

철학자 이런 경우 상대의 목적은 어디에 있을까? 순수하게 정치에 관한 의견을 나누고 싶었던 걸까? 아니지. 상대방은 그저 자네를 비난하고 도발하고 권력투쟁을 함으로써 평소 못마땅했던 자네를 굴복시키고 싶은 걸세. 여기서 자네가 화를 내면 상대가 의도한 대로 두 사람은 권력투쟁에 돌입하지. 그러니 어떠한 도발에도 응해서는 안 돼.

청 년 아니, 도망칠 필요 없어요. 싸움을 걸어왔으면 받아주면 되죠. 어차피 잘못은 상대방에게 있잖아요. 그런 인간은 코를 납작하게 눌러줘야 돼요. 말이라면 저도 지지 않을 자신 있습니다!

철학자 그러면 자네가 말싸움에서 이겼다고 하세. 그리고 패배를 인정한 상대가 깨끗이 물러났다고 치자고. 하지만 권력투쟁은 거기서 끝나지 않아. 싸움에서 진 상대는 바로 다음 단계에 돌입할 걸세.

청 년 다음 단계요?

철학자 그래. '복수' 단계일세. 일단은 물러나지만, 상대는 다른 장소에서 다른 형태로 뭔가 복수를 계획하고 보복에 나선다네.

청 년 이를테면요?

철학자 부모에게 학대받았던 아이가 비행청소년이 된다거나, 등교를 거부하고 집 안에 틀어박힌다거나, 리스트컷증후군(wrist-cut syndrome)[4] 같은 자해행위를 하는 경우지. 프로이트의 원인론에서는 이를 '부모가 아이를 잘못 키워서 이렇게 됐다'라고 단순한 인과법칙으로 설명하네. 화초에 물을 주지 않아서 시들어 말랐다는 식이지. 이해하기 쉬운 해석임에는 분명해. 하지만 아들러의 목적론은 아이가 밝히지 않은 목적, 즉 '부모에 대한 복수'라는 진짜 원인을 놓치지 않네. 비행을 저지르고, 등교를 거부하고, 스스로 손목을 그으면 부모는 곤혹스러워 해. 당황해서 어쩔 줄 모르고 위에 구멍이 날 정도로 심각하게 고민하네. 아이는 그것을 알고 문제 행동을 하는 걸세. 과거의 원인(가정환경)에 등 떠밀려 행동하는 것

___
4 손목자해증후군. 상습적으로 칼 등으로 자신의 손목 안쪽이나 팔뚝 등을 긋는 행위를 말한다. 자신이 살아 있음을 느끼기 위한 강박적인 행동이다.

이 아니라, 현재의 목적(부모에 대한 복수)을 달성하기
위해서.

청 년 엄마아빠를 난처하게 하려고 문제 행동을 한다는 겁
니까?

철학자 그래. 스스로 손목을 긋는 아이를 보고 "도대체 왜 저
런 짓을 하는 걸까?" 하면서 의문을 갖는 사람도 많을
걸세. 하지만 손목을 긋는 행위를 했을 때 주변 사람
—예를 들어 부모—이 어떤 마음일지 헤아려보게. 그
러면 저절로 행위의 배후에 있는 '목적'이 보일 걸세.

청 년 ……목적은 복수로군요.

철학자 그렇지. 그리고 인간관계가 복수 단계에까지 이르게
되면 당사자끼리 해결하는 것은 거의 불가능하네.
그렇게 되지 않기 위해서라도 권력투쟁을 위해 싸움
을 걸어왔을 때는 절대 응해서는 안 되네.

잘못을 인정하는 것은 패배가 아니다

청 년 그러면 면전에서 인신공격을 받는 경우는 어떻게 해
야 하나요? 그저 참기만 합니까?

철학자 아니. '참는다'는 발상은 자네가 아직 권력투쟁에 사로잡혀 있다는 증거일세. 상대가 싸움을 걸어오면, 그리고 그것이 권력투쟁이라는 것을 알아차렸다면 서둘러 싸움에서 물러나게. 상대의 도발에 넘어가지 말게. 우리가 할 수 있는 것은 그뿐이네.

청 년 하지만 도발에 넘어가지 않는 것이 그렇게 간단할까요? 대체 분노를 어떻게 제어하라는 겁니까?

철학자 분노를 제어하는 것이 '참는다'는 것을 뜻하나? 그러지 말고 분노라는 감정을 이용하지 않아도 되는 방법을 배우게. 분노란 어차피 목적을 이루기 위한 수단이며 도구니까.

청 년 음, 어렵군요.

철학자 먼저 이해해야 할 것은, 분노란 커뮤니케이션의 한 형태고 아울러 화내지 않는 커뮤니케이션도 가능하다는 사실이네. 우리는 분노를 표출하지 않고도 의사소통을 할 수 있고, 나를 받아들이게 할 수 있네. 경험을 통해 그것을 알게 되면 자연히 분노의 감정도 나오지 않을 걸세.

청 년 하지만 분명 오해임을 알면서도 그것을 빌미로 시비를 걸어오거나 모욕적인 말을 하는데도 화를 내서는 안 됩니까?

철학자 아직도 이해하지 못한 것 같군. 화를 내지 말라는 것
이 아니라 '분노라는 도구에 의지할 필요가 없다'는
걸세. 화를 잘 내는 사람은 참을성이 없어서가 아니
라 분노 이외의 유용한 커뮤니케이션 도구가 있다는
것을 알지 못하는 걸세. 그래서 "나도 모르게 욱해
서"라는 말이 나오는 거고. 분노를 매개로 커뮤니케
이션을 하는 거지.

청 년 분노 이외의 유용한 커뮤니케이션이라면…….

철학자 우리에게는 말이 있지 않나. 언어를 통해 커뮤니케이
션을 할 수 있지. 말의 힘을, 논리적인 말을 믿는 걸세.

청 년 ……확실히 그걸 믿지 않으면 이 대화도 성립하지
않겠죠.

철학자 권력투쟁에 관해 한 가지 더 일러둘 말이 있네. 아무
리 자신이 옳다고 여겨도 그것을 이유로 상대를 비
난하지는 말게. 이것이 많은 사람이 빠지는 인간관
계의 함정이지.

청 년 왜죠?

철학자 인간관계에서 '나는 옳다'고 확신하는 순간, 권력투
쟁에 발을 들이게 되네.

청 년　옳다고 생각만 했는데도요? 아니, 과장이 너무 심하십니다!

철학자　나는 옳다, 즉 상대는 틀렸다. 그렇게 생각한 시점에서 논쟁의 초점은 '주장의 타당성'에서 '인간관계의 문제'로 옮겨가네. 즉 '나는 옳다'는 확신이 '이 사람은 틀렸다'는 생각으로 이어지고, 궁극적으로는 '그러니까 나는 이겨야 한다'며 승패를 다투게 된다네. 이것은 완벽한 권력투쟁일세.

청 년　으음.

철학자　애초에 주장의 타당성은 승패와 관계가 없어. 자네가 옳다고 믿는다면 다른 사람의 의견이 어떻든 간에 이야기는 거기서 마무리되어야 하네. 그런데 많은 사람이 권력투쟁에 돌입해서 다른 사람을 굴복시키려고 하지. 그러니까 '나의 잘못을 인정하는 것'을 곧 '패배를 인정하는 것'으로 여기게 되는 거라네.

청 년　맞아요. 그런 측면이 있죠.

철학자　지고 싶지 않다는 일념에서 자신의 잘못을 인정하려 들지 않고, 결과적으로 잘못된 길을 선택하게 되지. 잘못을 인정하는 것, 사과하는 것, 권력투쟁에서 물러나는 것. 이런 것들이 전부 패배는 아니야. 우월성 추구란 타인과 경쟁하는 것과는 상관없네.

청 년 승패에 연연하면 바른 선택을 할 수 없다는 뜻인가요?

철학자 그래. 흐릿한 안경을 쓰면 눈앞의 승패밖에 보지 못하고 길을 잘못 들게 되지. 경쟁이나 승패의 안경을 벗어야 비로소 자신을 바로 보게 되고, 자신을 바꿀 수 있는 걸세.

'인생의 과제'를 어떻게 극복할 것인가

청 년 음. 하지만 아직 문제는 남아 있어요. "모든 고민은 인간관계에서 비롯된 고민이다"라는 말이요. 분명히 열등감이 인간관계에서 비롯된 고민이라는 것, 그리고 열등감이 우리에게 끼치는 영향에 대해서는 충분히 이해했습니다. 인생이 경쟁이 아니라는 것도 어느 정도 일리가 있다고 생각합니다. 저는 다른 사람을 '친구'로 보지 못하고 마음속 어딘가에서 '적'으로 여깁니다. 그것은 사실이에요. 다만 궁금한 것은 왜 아들러가 그렇게까지 인간관계를 중요시하는 것일까, '모든'이라는 말까지 써가며 단언하는 것일까 하는 점입니다.

철학자 인간관계는 아무리 강조해도 모자랄 정도로 중요한 문제일세. 지난번에 내가 말했지. "자네에게 부족한 것은 행복해질 용기다"라고. 기억나나?

청 년 잊고 싶어도 잊을 수가 없지요.

철학자 왜 자네가 다른 사람을 '적'으로 보고 '친구'로 여기지 못하는 것일까? 그것은 용기를 잃은 자네가 '인생의 과제(task)'로부터 도피한 탓일세.

청 년 인생의 과제요?

철학자 그래. 이는 중요한 부분일세. 아들러 심리학은 인간의 행동과 심리, 양 측면에서 아주 분명한 목표를 제시했지.

청 년 허, 어떤 목표입니까?

철학자 먼저 행동의 목표로는 '자립할 것'과 '사회와 조화를 이루며 살아갈 것'이라는 두 가지를, 이러한 행동을 뒷받침하는 심리적 목표로는 '내게는 능력이 있다'는 의식을 갖는 것과 그로부터 '사람들은 내 친구다'라는 의식을 갖는 것을 제시했네.

청 년 잠깐만요, 메모 좀 할게요.

행동의 목표
1. 자립할 것
2. 사회와 조화를 이루며 살아갈 것

위의 행동을 뒷받침하는 심리적 목표
1. 내게는 능력이 있다는 의식을 가질 것
2. 사람들은 내 친구라는 의식을 가질 것

음, 중요한 말인 줄은 알겠습니다. 한 인간(個人)으로 자립하여 사회와 조화를 이루며 산다. 지금까지 했던 논의와도 연결되는 얘기군요.

철학자 그리고 이러한 목표는 아들러가 제시한 '인생의 과제'를 직시함으로써 달성할 수 있네.

청 년 그 '인생의 과제'란 무엇입니까?

철학자 인생이라는 말을 어린 시절로 거슬러 올라가서 생각해보세. 어린 시절, 우리는 부모에게 보호를 받으며 특별히 하는 일 없이도 살 수 있었네. 하지만 끝내 '자립'할 때가 찾아와. 언제까지나 부모에게 의지해서 살 수는 없지. 정신적으로 자립하는 것은 물론, 사회적인 의미에서도 자립하여 일―회사에서 일한다는 좁은 의미가 아니네―을 하지 않으면 안 되지. 아울러 성장하는 과정에서 다양한 교우관계를 맺게 되네. 물론 누군가를 사랑하게 되고, 그것이 결혼으로까지 이어지기도 하겠지. 그러면 부부관계가 시작되고, 아이를 낳으면 부모자식 관계가 시작되네. 아들러는 이런 과정에서 생기는 인간관계를 '일의 과제', '교우의 과제', '사랑의 과제'라는 세 가지로 나누고 이를 합쳐 '인생의 과제'라고 불렀네.

청 년 이 경우 과제란 사회인으로서의 의무란 뜻인가요? 이를 테면 노동과 납세 같은 거요.

철학자 아니. 오로지 인간관계를 중심으로 한 말이라고 생각해주게. 인간관계의 거리와 깊이에 관해서. 그것을 강조하려고 아들러는 '세 가지 유대'라는 표현을 쓰기도 했네.

청 년 인간관계의 거리와 깊이요?

철학자 개인이 사회적인 존재로 살고자 할 때 직면할 수밖에 없는 인간관계. 그것이 인생의 과제네. '직면할 수밖에 없다'는 의미에서 말 그대로 '과제'인 셈이지.

청 년   음, 구체적으로 설명해주시겠어요?

철학자   먼저 '일의 과제'부터 생각해보세. 어떤 일이든 혼자서 처음부터 끝까지 해낼 수는 없네. 예를 들어, 평소에 나는 책을 내기 위해 이 서재에서 원고를 집필하며 하루를 보내지. 집필은 누구에게 맡길 수 없는 자기 완결적인 작업이야. 하지만 책을 내고 파는 일은 편집자와 북 디자이너, 인쇄업자, 그리고 유통업자와 서점 직원의 도움이 있어야 가능하다네. 타인과 협력하지 않고 할 수 있는 일은 원칙적으로 있을 수 없어.

청 년   넓은 의미에서 보자면 그렇지요.

철학자   단 거리와 깊이라는 관점에서 보자면 업무상 인간관계는 관계 맺기가 비교적 수월한 편이라네. 성과라는 알기 쉬운 공통의 목표가 있기 때문에 다소 마음이 맞지 않아도 서로 협력할 수 있거나 협력할 수밖에 없는 측면이 있지. 그리고 '일'을 매개로 하는 관계라서 일을 그만두거나 일터를 옮기면 남남으로 돌아가기도 하고.

청 년   그렇죠.

철학자   이 단계의 인간관계에서 걸려 넘어진 사람들이 니트

족[5]이나 은둔형 외톨이[6]라고 불리는 사람들일세.

청 년 　앗, 잠깐만요! 그럼 선생님, 그들이 일하고 싶지 않은 것도 노동을 거부하는 것도 아니고, 그저 '일과 얽힌 인간관계'를 피하고 싶어서라는 건가요?

철학자 　본인이 어디까지 자각하고 있는지는 모르겠지만, 핵심에 있는 것은 인간관계일세. 가령 취직을 하려고 이력서를 보내고 면접을 봤는데 몇 군데나 떨어졌다, 자존심에 금이 갔다, 그렇게까지 하면서 일하는 의미가 어디에 있는지 모르겠다. 아니면 업무상 큰 실패를 맛봤다, 자신의 실수로 회사에 거액의 손실을 입혔다, 눈앞이 캄캄해지고 다음 날부터 회사에 가는 것이 싫어졌다. 이런 경우는 모두 일 자체가 싫어진 상황은 아닐세. 일을 통해 다른 사람에게 비판과 질타를 받는 것, 너는 능력이 없으며 이 일에 맞지 않는다고 무능하다는 낙인이 찍히는 것, 이 세상에 둘도 없이 소중한 '나'의 존엄에 상처가 나는 것이 싫은 걸세. 요컨대 모든 것은 인간관계에서 비롯

---

5 NEET. 'not in education, employment or training'의 줄임말로 일하지 않고 일할 의지도 없는 청년 무직자를 뜻하는 신조어다.

6 히키코모리(引きこもり). 사회생활에 적응하지 못하고 집 안에만 틀어박혀 사는 병적인 사람들을 일컫는 용어다.

된 문제라는 걸세.

붉은 실과 단단한 쇠사슬

청　년　……음, 반론은 나중에 하겠습니다! 그러면 '교우의 과제'란 뭐죠?

철학자　일을 벗어난, 더 넓은 의미에서의 친구관계일세. 일처럼 강제성이 작용하지 않기 때문에 관계를 맺는 것도, 관계가 깊어지는 것도 어려운 관계지.

청　년　아, 그래요! 학교나 직장처럼 '장소'가 있으면 그런 대로 관계를 맺을 수 있죠. 그 자리에서만 유효한 표면적인 관계이기는 하지만요. 그런데 거기에서 개인적인 친구관계로 발전하는 것이나, 학교 혹은 직장과는 별개의 장소에서 친구를 찾는 것은 굉장히 어렵죠.

철학자　자네는 친한 친구라 부를 만한 사람이 있나?

청　년　친구는 있습니다. 하지만 친한 친구라고 부를 수 있을지는…….

철학자　나도 전에는 그랬네. 고교 시절에 나는 친구를 사귀려고 하지도 않고 그리스어와 독일어를 공부하며 말 없이 철학책만 파고들며 하루하루를 보냈지. 그런 나를 불안하게 지켜보던 어머니가 담임선생님께 상담을 하러 갔네. 선생님은 "걱정하지 마세요. 그 아이는 친구를 필요로 하지 않는 사람이니까요"라고 말했다더군. 그 말을 듣고 어머니도 나도 크게 용기를 얻었지.

청 년　친구를 필요로 하지 않는 사람이라……. 그럼 선생님은 고등학교 시절에 친구가 한 명도 없었습니까?

철학자　아니, 딱 한 명 있었지. 그 친구는 "대학에서는 배울 게 아무것도 없어"라고 말하더니 대학에 들어가지 않았네. 몇 년간 산 속에 틀어박혀 지내다가 현재는 동남아시아에서 보도와 관련된 일을 하고 있다고 하더군. 몇십 년이나 만나지 못했지만, 지금 다시 만나도 그 시절과 똑같이 잘 지낼 수 있을 것 같아. 친구는 많을수록 좋다고 여기는 사람이 많은데, 과연 그럴까? 친구와 지인의 수는 결코 중요하지 않네. 이는 사랑의 과제와도 연결되는 내용인데, 중요한 것은 관계의 거리와 깊이라네.

청 년　저도 앞으로 진정한 벗을 만날 수 있을까요?

철학자 물론이지. 자네가 변하면 주변도 달라지네. 달라질 수밖에 없지. 아들러 심리학은 타인을 바꾸기 위한 심리학이 아니라 자신을 바꾸기 위한 심리학일세. 타인이 변하기를 기다리는 것도, 상황이 변하기를 기다리는 것도 아닐세. 자네가 첫발을 내딛기를 기다리고 있지.

청 년 으음…….

철학자 사실, 자네는 이렇게 내 방을 찾아와 주었네. 그리고 나는 자네라는 젊은 친구를 얻었지.

청 년 선생님은 저를 친구라고 생각하십니까?

철학자 그럼, 그렇고말고. 이곳에서 나눈 대화는 카운슬링이 아니네. 그렇다고 우리가 일로 엮인 관계도 아니지. 자네는 내게 소중한 친구일세. 그렇게 생각하지 않나?

청 년 소중한…… 친구라고요? 아니, 아니요! 거기에 관해서 지금은 아무것도 생각하고 싶지 않습니다! 계속하죠! 마지막으로 '사랑의 과제'란 무엇입니까?

철학자 사랑의 과제는 두 단계로 나눌 수 있네. 하나는 흔히 말하는 연애관계지. 그리고 다른 하나는 가족관계, 특히 부모자식 관계라네. 일, 교우에 이은 세 가지 과제 중 사랑의 과제가 가장 어렵지. 예를 들어 친구 사이에서 연인 사이로 발전했을 때, 친구 사이에서는 허용되는 말이나 행동이 연인이 된 순간 허용되지 않기도 하네. 구체적으로는 다른 이성친구와 노는 것이 허용되지 않고, 경우에 따라서는 이성인 누군가와 통화만 해도 상대가 질투를 하지. 그만큼 거리도 가깝고 관계도 깊은 걸세.

청 년   네. 어쩔 수 없는 부분이죠.

철학자   하지만 아들러는 상대를 구속하는 것을 인정하지 않아. 상대가 행복하다면 그 모습을 순순히 축복해주는 것. 그게 사랑일세. 서로를 구속하는 관계는 결국 깨지게 되어 있어.

청 년   아니아니, 그건 부정(不貞)을 인정하는 이론이잖아요! 상대가 바람을 피워서 행복해한다면, 그 모습까지도 축복하란 말인가요!

철학자   적극적으로 바람을 인정하는 것은 아닐세. 이렇게 생각해보게. 함께 있으면 왠지 숨이 막히고 긴장으로 몸이 뻣뻣해지는 관계는, 연애는 가능해도 사랑이라고 할 수는 없네. 인간은 '이 사람과 함께 있으면 자유롭게 행동할 수 있다'는 생각이 들었을 때

사랑을 실감할 수 있네. 열등감을 느끼지도 않고, 우월함을 과시할 필요도 없는, 평온한, 지극히 자연스러운 상태라고 할 수 있지. 진정한 사랑이란 그런 걸세. 반면에 구속이란 상대를 지배하려는 마음의 표징이며, 불신이 바닥에 깔린 생각이기도 하지. 내게 불신감을 품은 상대와 한 공간에 있으면 자연스러운 상태로 있을 수 없겠지? 아들러는 말했네. "함께 사이좋게 살고 싶다면, 서로를 대등한 인격체로 대하지 않으면 안 된다"라고.

청 년　으음.

철학자　단 연인 사이나 부부관계에서는 '헤어진다'는 선택지가 있네. 오랜 세월 함께 산 부부도 관계를 유지하는 것이 힘들어지면 헤어질 수도 있어. 그런데 부모자식 관계는 원칙적으로 그것이 불가능해. 연인이 붉은 실로 연결된 사이라고 한다면, 부모자식은 단단한 쇠사슬로 연결된 관계일세. 게다가 손에는 작은 가위밖에 없지. 부모자식 관계의 어려움이 여기에 있네.

청 년　그러면 어떻게 해야 좋습니까?

철학자　지금 단계에서 말할 수 있는 것은, 피하지 말라는 걸세. 아무리 어려워 보이는 관계일지라도 마주하는 것을 회피하고 뒤로 미뤄서는 안 돼. 설령 끝내 가위로 끊어내더라도 일단은 마주 볼 것. 가장 해서는 안 되는 것이 이 상황, '이대로'에 멈춰 서 있는 것이라네.

인간이 혼자 사는 것은 원칙적으로 불가능하며, 사회적인 맥락 속에서만 '개인'이 된다. 그렇기 때문에 아들러 심리학에서는 개인으로서의 '자립'과 사회에서의 '협조'를 목표로 내걸었다. 그러면 어떻게 해야 그런 목표를 달성할 수 있을까? 아들러는 여기서 '일', '교우', '사랑'이라는 세 가지 과제를 넘어서라고 말한다. 인간이 살아가면서 직면할 수밖에 없는 인간관계의 과제를. 청년은 여전히 그 진정한 의미를 이해할 수 없었다.

'인생의 거짓말'을 외면하지 말라
·····························

청 년 아, 또 머릿속이 혼란스러워요. 선생님은 말씀하셨죠. 제가 다른 사람을 '적'으로 보고 '친구'로 여기지 않는 것은 인생의 과제에서 도망치기 때문이라고요. 그것은 결국 무슨 뜻인가요?

철학자 　 가령 자네가 A라는 사람을 싫어한다고 하세. 왜냐하면 A에게는 용서하기 힘든 결점이 있으니까.

청 년 　 후훗, 싫어하는 사람이라면 얼마든지 댈 수 있습니다.

철학자 　 하지만 A의 결점을 용서 못해서 싫어하는 것이 아닐세. 자네에게는 'A를 싫어한다'는 목적이 앞서고, 그 목적에 맞는 결점을 나중에 찾아낸 거니까.

청 년 　 말도 안 돼! 무엇 때문에요?

철학자 　 A와의 관계를 피하기 위해서지.

청 년 　 에이, 아무리 그래도 그건 있을 수 없어요! 어떻게 봐도 순서가 뒤바뀌었다고요. 마음에 들지 않는 행동을 하니까 싫어진 거겠죠. 그렇지 않으면 싫어할 이유가 없습니다!

철학자 　 아니, 그렇지 않네. 사귀던 사람과 헤어질 때를 떠올려보면 이해하기 쉽지 않을까? 연인 사이나 부부관계에 있어서 어느 시기가 지나면 상대가 하는 행동에 사사건건 화가 날 때가 있어. 밥을 먹는 모습이 얄밉게 느껴진다거나, 방 안에서 축 늘어진 모습을 보고 혐오감을 느낀다거나, 숨소리만 들어도 화가 난다거나. 수개월 전까지는 아무렇지 않았는데 말이야.

청 년 　 ……네. 무슨 말인지 알겠어요.

142

철학자 　그건 그 사람이 어느 단계에서 '이 관계를 끝내고 싶다'고 결심하고, 관계를 끝내기 위한 구실을 찾고 있기 때문에 그렇게 느끼는 걸세. 상대는 아무것도 변하지 않았네. 자신의 '목적'이 변했을 뿐이지. 알겠나? 사람은 그럴 마음만 있으면 상대의 결점이나 단점을 얼마든지 발견할 수 있는 이기적인 생물이네. 상대가 성인군자와 같은 사람일지라도 싫어해야 할 이유 같은 건 간단히 찾아낼 수 있지. 그렇기에 세계는 언제든 위험한 곳이 될 수 있고, 모든 사람을 '적'으로 볼 수 있는 거라네.

청　년 　그러면 제가 인생의 과제를 회피하기 위해, 더 구체적으로 말하자면 인간관계를 회피하기 위해, 고작 그런 걸 위해 남의 결점을 꾸며냈다고요? 그리고 타인을 '적'으로 보고 회피하는 거다?

철학자 　그렇다네. 아들러는 여러 가지 구실을 만들어서 인생의 과제를 회피하려는 사태를 가리켜 '인생의 거짓말'이라고 했어.

청　년 　…….

철학자 　잔인한 말이지. 지금 자신이 처한 상황, 그 책임을 누군가에게 전가한다. 남 탓으로 돌리고, 환경 탓으로 돌리고, 인생의 과제에서 도망친다. 지난번에 말했던 적면공포증에 걸린 여학생도 마찬가지라네. 자신에게 거짓말을 하고, 주변 사람들에게도 거짓말을 하지. 생각하면 할수록 '인생의 거짓말'은 잔인한 말이라네.

청 년 하지만 어떻게 그것을 거짓말이라고 단언할 수 있죠? 제가 어떤 사람들에게 둘러싸여서, 어떤 인생을 살아왔는지 선생님은 아무것도 모르시잖아요!

철학자 맞아. 나는 자네의 과거에 대해서는 아무것도 모르네. 부모님에 대한 것도, 형에 대한 것도. 다만 한 가지는 알고 있지.

청 년 뭘요?

철학자 자네의 생활양식, 인생을 사는 방식을 결정한 것은 다른 누구도 아닌 자네 자신이라는 사실.

청 년 이야…….

철학자 만약 자네의 생활양식이 타인이나 환경에 의해 결정된 것이라면 책임을 전가하는 것도 가능하겠지. 하지만 우리는 자신의 생활양식을 스스로 선택하네. 책임 소재는 명확하지.

청 년 저를 규탄하실 작정이군요! 사람을 거짓말쟁이 취급하는 것도 모자라 비겁자 취급까지! 전부 제 책임이라고요?

철학자 화가 난다고 해서 외면해서는 안 되네. 이것은 아주 중요한 포인트일세. 아들러는 인생의 과제나 인생의 거짓말을 선악으로 구분해 말하지 않았네. 지금 우리가 말해야 할 것은 선악도 도덕도 아닌 '용기'의 문제일세.

청 년 또 용기입니까!

철학자 그래. 설사 자네가 인생의 과제를 회피하고 인생의 거짓말에 의지한다고 해도, 그것은 자네가 '악'에 물들어서가 아닐세. 도덕적으로 규탄 받아야 할 문제가 아니라 '용기'의 문제라는 걸세.

'소유의 심리학'에서 '사용의 심리학'으로

청 년 ……결국 마지막은 '용기'에 관한 얘기입니까? 그러고 보니 지난번에 선생님이 말씀하셨죠. 아들러 심리학은 '용기의 심리학'이라고.

철학자 한 가지 덧붙이자면, 아들러 심리학은 '소유의 심리학'이 아니라 '사용의 심리학'일세.

청 년   요컨대 '무엇이 주어지느냐'가 아니라 '주어진 것을 어떻게 활용하느냐' 하는 것이로군요.

철학자   그렇지. 제대로 기억하고 있군. 프로이트의 원인론은 '소유의 심리학'이고 결국엔 결정론으로 귀결돼. 반면 아들러 심리학은 '사용의 심리학'이고 결정은 자네가 하는 걸세.

청 년   아들러 심리학은 '용기의 심리학'이며 동시에 '사용의 심리학'이다…….

철학자   우리 인간은 과거의 트라우마에 휘청거릴 만큼 나약한 존재가 아닐세. 목적론의 입장에 서서 자신의 인생을, 자신의 생활양식을 자신의 손으로 고르는 걸세. 우리에게는 그럴 힘이 있네.

청 년   ……하지만 솔직하게 말씀드려서 저는 열등 콤플렉스를 극복할 자신이 없습니다. 설령 그것이 인생의 거짓말이라고 해도, 저는 앞으로도 열등 콤플렉스를 벗어날 수 없을 거예요.

철학자   왜 그렇게 생각하지?

청 년   선생님의 말씀이 맞는지도 몰라요. 아니, 제게 부족한 것은 용기가 분명합니다. 인생의 거짓말에 대해서도 인정합니다. 저는 사람들과 관계를 맺는 것이 두려워요. 인간관계로 상처받고 싶지도 않거니와 인생의 과제도 뒤로 미룬 채 살고 싶어요. 그래서 이렇게 구질구질하게 변명을 늘어놓고 있는 거고요. 네, 다 맞습니다. 하지만 결국 선생님의 말씀은 정신력으로 극복하라는 거잖아요! 너는 용기가 부족하니 용기를 내라고 말씀하시는 것에 불과해요. 그런 태도는 조언을 한답시고 "힘내라" 하면서 어깨를 두드리는 어리석은 윗사람의 행동과 다를 바 없어요. 그렇잖아요? 이쪽은 힘이 나지 않아서 고민인데!

철학자 요컨대 자네는 구체적인 방법을 제시해달라는 거로군?

청 년 그렇습니다. 저는 인간이에요. 기계가 아니라고요. 용기가 없다고 해서 자동차에 기름 넣듯이 용기를 보충할 수는 없다고요!

철학자 알겠네. 하지만 오늘은 밤이 너무 늦었으니 다음에 이어서 이야기하기로 하세.

청 년 도망치시는 건 아니지요?

철학자 물론이지. 아마 다음에는 자유에 관해 논하게 될 걸세.

청 년 용기가 아니라요?

철학자 그래. 용기를 논하는 데 빼놓을 수 없는 것이 자유에 관한 논의지. 자네도 일단 집에 가서 자유란 무엇인가 곰곰이 생각해보게.

청 년 자유란 무엇인가……. 좋습니다. 그럼 다음 만남을 기대하고 있겠습니다.

타인의 과제를 버리라

고민을 거듭한 끝에 2주일 후 청년은 다시 철학자의 서재를 찾았다. 자유란 무엇인가. 인간은, 나는 자유로울 수 없는 것인가. 나를 속박하고 있는 것은 과연 무엇인가. 청년에게 주어진 숙제는 너무도 무거웠다. 납득할 수 있는 해답은 나오지 않았다. 생각하면 할수록 청년은 자신이 부자유스럽다는 것을 깨달을 뿐이었다.

인정욕구를 부정하라

청 년 오늘은 자유에 관해 논한다고 하셨죠.

철학자 그래. 자유란 무엇인지에 대해 생각하는 시간을 가졌나?

청 년 그에 관해서는 아주 질릴 정도로 생각했습니다.

철학자 결론이 나왔나?

청 년 딱히 답이 나오지 않더라고요. 그런데요, 제 생각은 아니지만 도서관에서 이런 구절을 발견했습니다. "화폐란 주조(鑄造)된 자유다." 도스토예프스키의 소설에 나오는 문장입니다. 어떻습니까? '주조된 자유'라는 말이 참 통쾌하지 않나요? 솔직히 말씀드려,

화폐의 본질을 꿰뚫는 구절이라 무릎을 치며 감탄했습니다.

철학자 그렇군. 확실히 화폐가 가져다주는 것의 정체를 극단적으로 말하자면 자유일지도 모르지. 훌륭한 명언이야. 하지만 그렇다고 해서 '자유란 곧 화폐다'라고는 말하지 않겠지?

청년 그야 물론이죠. 돈으로 얻을 수 있는 자유도 있을 거예요. 그리고 분명, 그 자유는 우리가 생각하는 것보다 더할 수 없이 클 겁니다. 실제로 의식주는 전부 금전에 의해 거래되니까요. 그렇다고 억만금을 가진 부자가 자유로울까요? 저는 그렇지 않다고 생각하거니와 그렇지 않다고 믿고 싶어요. 인간의 가치, 인간의 행복은 돈으로 살 수 없다고 생각합니다.

철학자 그러면, 가령 자네가 금전적 자유를 손에 넣었다고 하세. 엄청난 부를 손에 넣었지만 행복해질 수 없다고 말일세. 그때 자네에게 남은 고민은 무엇이고, 어디에서 부자유스러움을 느낄까?

청년 선생님이 여러 번 말씀하신 인간관계요. 그 점은 저도 곰곰이 생각해봤습니다. 가령 엄청난 부를 손에 넣었지만 사랑하는 사람이 없다, 친한 친구라고 부를 만한 사람이 없고 모두에게 미움을 받고 있다, 그러면 그것은 큰 불행입니다. 또한 뇌리에서 떨칠 수 없는 것이 '굴레'라는 단어입니다. 우리는 모두 '굴레'라는 이름의 실에 엉켜서 발버둥을 치며 괴로워하고 있습니다. 좋아하지도 않는 사람과 어울려야 하고, 싫어하는 상사의 기분을 살피지 않으면 안 됩니다. 상상해보세요. 만약 그런 인간관계에서 해방된다면 얼마나 마음이 편해질지! 하지만 그런 게 가능한 사람은 아무도 없어요. 우리는 어디에 가든 타인에 둘러싸여, 타인과 관계를 맺으며 살아가는 사회적 '개인'입니다. 어떻게 해도 인간관계의 단단한 그물망에서 벗어날 수 없어요. 과연 "모든 고민은 인간관계에서 비롯된 고민이다"라고 말했던 아들러는 탁월한 식견이 있었던 겁니다. 결국 이런 결론에 도달했습니다.

철학자 중요한 점이네. 조금 더 파고들어 생각해보세. 대체 인간관계의 무엇이 우리의 자유를 빼앗는 것일까?

청 년 그거예요! 선생님은 지난번에 타인을 '적'으로 생각하느냐 '친구'로 생각하느냐에 관한 말씀을 하셨죠. 타인을 '친구'로 볼 수 있다면 세계를 보는 눈이 달라질 거라고요. 확실히 납득이 되는 말이에요. 저도 며칠 전에는 그대로 수긍하고 돌아갔지요. 그런데요, 곰곰이 생각해보니 인간관계에는 그것만으로 설명할 수 없는 요소가 있어요.

철학자 이를테면?

청 년 가장 이해하기 쉬운 것이 부모의 존재예요. 제게 부모님은 아무리 생각해도 '적'은 아니에요. 특히 어린 시절에는 가장 큰 보호자로서 저를 키워주시고 보살펴주셨죠. 그 점은 진심으로 감사하고 있습니다. 하지만 우리 부모님은 엄격한 분들이세요. 지난번에도 말씀드렸지만, 늘 저를 형과 비교하고 인정해주지 않으셨죠. 그리고 제 인생에 끊임없이 간섭했어요. 더 공부해라, 그런 친구는 사귀지 마라, 최소한 이 정도 대학에는 들어가라, 이런 직장을 구해라, 하는 식으로요. 그런 요청은 압박감이 엄청나서 그야말로 '굴레'였습니다.

철학자 결국 자네는 어떻게 했나?

청 년 대학에 들어갈 때까지는 부모님의 의향을 무시할 수 없었습니다. 고민도 했고 답답함도 느꼈죠. 하지만 언제부터인가 내 희망과 부모님의 희망이 겹친 것도 사실이에요. 그래도 직장만큼은 제 스스로 선택했지만요.

철학자 그러고 보니 묻지 않았군. 자네 무슨 일을 하나?

청 년 지금은 대학도서관에서 사서로 일하고 있습니다. 뭐 우리 부모님으로서는 형이 그랬던 것처럼 아버지의 인쇄공장을 잇기를 바라셨던 모양이에요. 덕분에 취직한 이후로 부모님과 사이가 좀 어색해졌죠. 만약 상대가 부모님이 아니라면, 그야말로 '적'과 같은 존재라면 저는 아무런 고민도 없었을 겁니다. 아무리 간섭해도 무시하면 그만이니까요. 하지만 제게 부모님은 '적'이 아니에요. '친구'인지 아닌지는 모르겠지만, 적어도 '적'이라 불러야 하는 존재는 아니에요. 그분들의 의향을 무시하기에는 너무 가까운 관계인 거죠.

철학자 부모님 뜻에 따라 진학할 학교를 정했을 때, 자네는 부모님에게 어떤 감정을 느꼈나?

청 년 복잡했어요. 원망스런 마음도 들었지만, 한편으로 안도한 것도 사실이에요. 이 학교라면 드디어 인정받을 수 있겠다 싶었거든요.

철학자 인정을 받다니?

청 년 홋, 그런 유도질문은 이제 그만 하세요. 선생님도 아시잖아요. 흔히 '인정욕구'라고 하죠. 인간관계의 고민은 그야말로 여기에 집약되어 있어요. 우리 인간은 늘 타인에게 인정받는 것을 필요로 하며 살아가지요. 상대방이 증오하는 '적'이 아닌 바에야 그 사람에게 인정받기를 바라죠! 그래요, 저는 부모님께 인정받고 싶었어요!

철학자 알겠네. 지금 자네가 한 얘기를 아들러 심리학의 관점에서 설명해주지. 아들러 심리학에서는 타인에게 인정받기 원하는 마음을 부정한다네.

청 년 인정욕구를 부정한다고요?

철학자 타인에게 인정받을 필요가 없다는 말일세. 도리어 인정받기를 바라서는 안 되네. 이 점을 짚고 넘어가지 않으면 안 되겠군.

청 년 아니, 무슨 말씀을 하시는 거예요! 인정욕구야말로 우리 인간에게 살아갈 힘을 주는 보편적인 욕구 아닙니까!

'그 사람'의 기대를 만족시키기 위해 살지 말라

철학자 타인에게 인정을 받으면 확실히 기분이 좋아지지. 하지만 인정받는 일이 반드시 필요한 것인가 하느냐면, 그렇지는 않네. 그러면 대체 왜 인정받고 싶은 걸까? 더 단적으로 말해, 왜 타인에게 칭찬받기를 원하는 걸까?

청 년 간단해요. 우리는 타인에게 인정받음으로써 '나는 가치가 있다'는 것을 실감할 수 있거든요. 타인의 인정을 통해 열등감을 없앨 수 있어요. 자신감이 생기죠. 그래요, 이는 그야말로 '가치'의 문제예요. 선생님도 지난번에 말씀하지 않으셨습니까, 열등감은 가치판단의 문제라고. 저는 부모님께 인정받지 못한 열등감으로 뭉쳐 살아왔다고요!

철학자 그러면 우리 주변에서 흔히 볼 수 있는 장면을 예로 들어보지. 가령 자네가 직장에서 쓰레기를 치웠다고 하세. 하지만 동료들은 전혀 알아채지 못해. 혹은 알고 있지만 누구도 고마워하지 않고 인사 한마디 건네는 사람이 없어. 그러면 자네는 그 후에도 계속 쓰레기를 치우겠나?

청 년 곤란한 상황이군요. 뭐 아무도 고마워하지 않으면 그만둘지도 몰라요.

철학자 왜지?

청 년 쓰레기를 치우는 것은 '모두를 위해서'입니다. 모두를 위해 땀을 흘렸는데, 인사 한마디 못 듣는다? 그러면 의욕이 나지 않겠죠.

철학자 인정욕구의 위험함이 거기에 있네. 대체 왜 인간은 타인의 인정을 바라는 걸까? 대개의 경우 그것은 상벌교육의 영향이라네.

청 년 상벌교육이요?

철학자 적절한 행동을 하면 칭찬을 받는다. 부적절한 행동을 하면 벌을 받는다. 아들러는 이런 상벌에 의한 교육을 맹렬히 비판했네. 상벌교육의 결과로 생기는 것은 "칭찬하는 사람이 없으면 적절한 행동을 하지 않는다", "벌주는 사람이 없으면 부적절한 행동을 한다" 등과 같은 잘못된 생활양식일세. 칭찬받고 싶은 목적이 있어서 쓰레기를 치운다, 그리고 누구에게도 칭찬받지 못하면 분개하거나 다시는 이런 짓을 하지 않겠다고 결심한다. 딱 봐도 이상한 얘기지.

청 년 아닙니다! 말을 왜곡하지 마세요! 저는 교육을 논하 행복해지려면 '미움받을 용기'도 있어야 하네.
그런 용기가 생겼을 때, 자네의 인간관계는 한순간에 달라질 걸세.

자는 것이 아닙니다. 좋아하는 사람에게 인정받고 싶은 것, 가까운 사람에게 사랑받고 싶은 것, 이는 당연한 욕구라고요!

철학자 　자네는 큰 착각을 하고 있어. 모르겠나, 우리는 '타인의 기대를 만족시키기 위해 사는 것이 아니다'라는 걸.

청　년 　뭐라고요?

철학자 　자네는 타인의 기대를 충족시키기 위해 사는 것이 아니네. 나도 타인의 기대에 부응하기 위해 사는 것이 아니고. 타인의 기대 같은 것은 만족시킬 필요가 없다는 말일세.

청　년 　아니, 그건 너무 이기적인 논리예요. 나만 생각하고 독선적으로 살라는 말씀입니까?

철학자 　유대교 교리를 보면 이런 말이 있네. "내가 나를 위해 내 인생을 살지 않으면, 대체 누가 나를 위해 살아준단 말인가?" 자네는 자네만의 인생을 살고 있어. 누구를 위해 사느냐고 하면 당연히 자네를 위해 살아야겠지. 만약 자네가 자네를 위해 살지 못한다면 대체 누가 자네의 인생을 살아준다는 말인가? 우리는 궁극적으로 '나'를 생각하며 사는 거라네. 그렇게 생각하면 안 될 이유가 없지.

청 년 선생님, 선생님은 역시 허무주의의 독에 물들어 있어요. 궁극적으로는 '나'를 생각하며 산다? 그래도 괜찮다고요? 그건 너무 비겁한 생각입니다!

철학자 허무주의가 아닐세. 오히려 반대지. 타인의 인정을 바라고 타인의 평가에만 신경을 기울이면, 끝내는 타인의 인생을 살게 된다네.

청 년 무슨 뜻이죠?

철학자 인정받기를 바란 나머지 '이런 사람이면 좋겠다'는 타인의 기대를 따라 살게 되지. 즉 진정한 자신을 버리고 타인의 인생을 살게 되는 거라네. 기억하게. 자네가 '타인의 기대를 만족시키기 위해 사는 것이 아니다'라고 한다면, 타인 역시 '자네의 기대를 만족시키기 위해 사는 것이 아니다'라는 걸세. 상대가 내가 원하는 대로 행동하지 않더라도 화를 내서는 안 돼. 그것이 당연하지.

청 년 아니요! 그것은 우리 사회를 근본부터 뒤집는 논리예요! 아시겠어요? 우리에게는 인정욕구가 있습니다. 하지만 타인으로부터 인정받기 위해서는 나부터 타인을 인정해주지 않으면 안 됩니다. 타인을 인정하고 다른 가치관을 인정해야 비로소 자신도 인정받을 수 있어요. 그렇게 서로 인정관계를 맺으며 우리는 '사회'를 구축해가는 겁니다! 선생님, 선생님의 이론은 인간을 고립으로 내몰고 대립을 부추기는, 타기(唾棄)해야 할 위험한 사상이에요! 불신감과 시의심을 조장하는 악마적인 사주라고요!

철학자 하하, 자네는 그런 재미있는 말을 어디서 배웠나? 그렇게 흥분할 필요 없네. 함께 생각해보자고. 인정받지 못하면 괴롭다, 타인으로부터 부모로부터 인정받지 못하면 자신감을 잃는다. 그러한 삶이 과연 건전하다고 할 수 있을까? 예를 들어 "신이 보고 있으므로 선행을 쌓는다"라는 생각. 그러나 그것은 "신이 존재하지 않기 때문에 모든 악행이 허용된다"라는 허무주의와 등을 맞대고 있는 사상이라네. 우리는 설령 신이 존재하지 않더라도, 신에게 인정받지 못한다고 해도 주어진 삶을 살아야 하네. 오히려 신이 없는 허무주의 세계를 극복하기 위해서라도 타인에게 인정받는 것을 부정할 필요가 있지.

청 년 신 따위는 아무래도 좋아요! 더 솔직하게, 더 정면에서, 시장 바닥에서 살아가는 사람들의 마음을 헤아려주세요! 예를 들어, 사회적으로 인정받고 싶어 하는 인정욕구는 어떻게 봐야 하죠? 인간은 왜 조직 안에서 출세하기를 바라는 걸까요? 왜 지위와 명성을 구하는 걸까요? 그것이 사회 전체로부터 뛰어난 인물이라는 인정을 받고 싶은 소망, 바로 인정욕구 잖아요!

철학자 그러면 인정을 받았다고 해서 정말로 행복하다고 할 수 있을까? 사회적 지위가 높은 사람들은 행복을 실제로 느끼고 있을까?

청 년 아니, 그건…….

철학자 타인에게 인정받으려고 할 때, 거의 모든 사람이 '타인의 기대를 만족시키는 것'을 수단으로 삼네. 적절한 행동을 하면 칭찬받는다는 상벌교육의 흐름에 따라서 말이지. 하지만, 가령 업무의 목표 자체가 '타인의 기대를 충족시키는 것'이 되면 그 일을 하기가 괴로울 걸세. 늘 타인의 시선에 신경을 곤두세우고 다른 사람의 평가에 전전긍긍하느라 '나'라는 존재를 억누를 테니까. 의외라고 생각할지 모르겠지만, 상담을 받으러 오는 내담자 중에 성격이 제멋대로인 사람은 별로 없네. 오히려 타인의 기대, 부모와 선생의 기대에 부응하려고 애쓰다가 괴로워하지. 쉽게 말해 자기 마음대로 행동하지 못하는 걸세.

청 년 그러면 결국 자기 멋대로 하라는 겁니까?

철학자 방약무인하게 행동하라는 것이 아닐세. 이를 이해하려면 아들러 심리학의 '과제의 분리'라는 개념을 알아야 하네.

청 년 ……과제의 분리요? 새로운 용어가 나왔군요. 그게 뭡니까?

청년의 분노는 최고조에 다다랐다. 인정욕구를 부정하라고? 타인의 기대를 만족시키지 말라고? 더 자기 마음대로 살라고? 대체 이 철학자는 무슨 말을 하고 있단 말인가. 인정욕구야말로 인간이 다른 사람과 교류하고 사회를 형성하는 데 없어서는 안 될 가장 큰 동기가 아니던가. 청년은 생각했다. 만약 '과제의 분리'라는 개념이 나를 납득시키지 못한다면…… 나는 이 사람을, 그리고 아들러를 평생 받아들일 수 없을 것이다.

'과제를 분리'하라

철학자   예를 들어 공부하기 싫어하는 아이가 있다고 하세. 수업시간에는 딴청을 부리고, 숙제도 하지 않고, 툭 하면 교과서를 학교에 두고 오지. 만약 자네가 부모라면 어떻게 할 텐가?

청 년   물론 온갖 수단을 써서 공부를 시키겠죠. 학원에 보내거나, 가정교사를 붙이거나, 경우에 따라서는 귀를 잡아끌어서라도 책상에 앉혀야죠. 그것이 부모의 책무니까. 실제로 저도 그렇게 컸어요. 그날 숙제를 마칠 때까지 저녁을 먹지 못했습니다.

철학자   그러면 하나 더 묻지. 그런 강압에 못 이겨 공부를 하게 된 결과, 자네는 공부를 좋아하게 됐나?

청 년   안타깝게도 좋아지지 않았습니다. 학교에서 공부하라고 하니까, 대학에 가려면 시험을 봐야 하니까 어쩔 수 없이 한 거죠.

철학자   알겠네. 그러면 아들러 심리학의 기본적인 입장부터 설명하겠네. 예를 들어 눈앞에 '공부한다'라는 과제가 있을 때, 아들러 심리학에서는 "이것은 누구의 과제인가"라는 관점에서 생각한다네.

청 년　누구의 과제인가라고요?

철학자　아이가 공부를 하는가, 하지 않는가. 혹은 친구와 놀러 가는가, 가지 않는가. 원래 이것은 '아이의 과제'이지 부모의 과제가 아닐세.

청 년　아이가 해야 할 일이다, 이겁니까?

철학자　단적으로 말하자면 그렇지. 아이 대신 부모가 공부해봤자 아무 의미가 없지 않나?

청 년　뭐 그건 그렇죠.

철학자　공부하는 것은 아이의 과제일세. 거기에 대고 부모가 "공부해"라고 명령하는 것은 타인의 과제에, 비유하자면 흙투성이 발을 들이미는 행위일세. 그러면 충돌을 피할 수 없게 되지. 우리는 '이것은 누구의 과제인가?'라는 관점에서 자신의 과제와 타인의 과제를 분리할 필요가 있네.

청 년　분리해서, 어떻게 한다는 거죠?

철학자　타인의 과제에는 함부로 침범하지 않는다. 그것뿐일세.

청 년　……그것뿐, 이라고요?

철학자　모든 인간관계의 트러블은 대부분 타인의 과제에 함부로 침범하는 것—혹은 자신의 과제에 함부로 침범해 들어오는 것—에 의해 발생한다네. 과제를 분리할 수 있게 되면 인간관계가 급격히 달라질 걸세.

청　년　음, 잘 모르겠네요. 대체 '이것은 누구의 과제인가?'를 어떻게 구분하죠? 솔직히 제 관점에서 보자면, 아이에게 공부를 시키는 것은 부모의 책무라고 생각해요. 자기가 알아서 공부하는 아이는 거의 없는데다, 누가 뭐래도 부모는 보호자니까요.

철학자　누구의 과제인지 구분하는 방법은 간단하네. '그 선택이 가져온 결과를 최종적으로 받아들이는 사람은 누구인가?'를 생각하게. 만약 아이가 '공부하지 않는다'라는 선택을 했을 때 그 결정이 가져올 결과—이를테면 수업을 따라가지 못하거나 지망하는 학교에 불합격하는 등—를 최종적으로 받아들여야 하는 사람은 부모가 아니야. 아이란 말이지. 즉 공부는 아이의 과제일세.

청　년　아뇨아뇨, 절대 그렇지 않아요! 그런 사태가 일어나지 않도록 하기 위해서라도, 인생의 선배이자 보호자이기도 한 부모에게는 아이에게 "공부해"라고 타이를 책임이 있어요. 이것은 아이를 위한 것이지 과제를 침범하는 행위가 아닙니다. '공부하는 것'은 아이의 과제일지 모르지만, '아이를 공부시키는 것'은 부모의 과제예요.

철학자 세상 부모들은 흔히 "너를 위해서야"라고 말하지. 하지만 부모들은 명백히 자신의 목적—세상의 이목이나 체면일지도 모르고, 지배욕일지도 모르지—을 만족시키기 위해 행동한다네. 즉 '너를 위해서'가 아니라 '나를 위해서'이고, 그 기만을 알아차렸기에 아이가 반발하는 걸세.

청 년 그러면 아이가 전혀 공부를 하지 않아도 그것은 아이의 과제니까 방치하라는 겁니까?

철학자 여기에는 주의가 필요하네. 아들러 심리학은 방임주의를 권하는 게 아닐세. 방임이란 아이가 무엇을 하는지도 모르고 알려고도 하지 않는 태도라네. 그게 아니라 아이가 무엇을 하는지 알고 있는 상태에서 지켜보는 것. 공부에 관해 말하자면, 그것이 본인의 과제라는 것을 알리고, 만약 본인이 공부하고 싶을 때는 언제든 도울 준비가 되어 있다는 의사를 전하는 걸세. 단 아이의 과제에는 함부로 침범하지 말아야 하네. 부탁하지도 않았는데 이래라저래라 잔소리를 해서는 안 된다는 거지.

청 년 부모자식 관계에만 해당되는 것은 아니죠?

철학자 물론이지. 이를테면 아들러 심리학에서는 상담 시에 내담자가 변하는가, 변하지 않는가는 카운슬러의 과제가 아니라고 여기네.

청 년 왜죠?

철학자 상담을 받은 결과, 내담자가 어떤 결심을 했는가. 생활양식을 바꿨는가, 바꾸지 않았는가. 이는 내담자 본인의 과제고 카운슬러는 거기에 개입할 수 없네.

청 년 아니아니, 그런 무책임한 태도가 허용된다뇨!

철학자 물론 곁에서 최선을 다해 돕기는 하지. 하지만 끝까지 개입하지는 않아. 어느 나라에 "말을 물가에 데려갈 수는 있지만 물을 마시게 할 수는 없다"라는 속담이 있다네. 아들러 심리학에서 하는 상담, 혹은 타인에 대한 지원 전반이 그런 입장에 있다고 생각하게. 본인의 의향을 무시하고 '변하는 것'을 강요해봤자 나중에 반발심만 커질 뿐이지.

청 년 카운슬러는 내담자의 인생을 바꿔주지 않는다는 겁니까?

철학자 자신을 바꿀 수 있는 사람은 자신밖에 없네.

타인의 과제를 버리라

··

청 년 그럼, 예를 들어 은둔형 외톨이의 경우는 어떤가요? 다시 말해 제 친구와 같은 경우요. 그래도 과제를 분리해라, 함부로 개입하지 마라, 부모는 관계가 없다고 말씀하실 겁니까?

철학자 방에 틀어박혀 있는 상황에서 빠져나올 것인가, 빠져나오지 않을 것인가, 혹은 어떻게 빠져나올 것인가. 이는 원칙적으로 본인이 해결해야 할 과제일세. 부모가 개입하는 게 아니고. 그렇다고 생판 남도 아니니 어느 정도 지원은 필요하겠지. 이때 가장 중요한 것은, 아이가 궁지에 몰렸을 때 순순히 부모에게 고민을 털어놓을 수 있는가, 평소에 그런 신뢰관계를 쌓아 놓았는가 하는 점이 되겠지.

청 년 그러면, 가령 선생님의 아이가 방 안에 틀어박혀 있는 경우는 어떻게 하실 겁니까? 철학자로서가 아닌 한 아이의 부모로서 대답해주세요.

철학자 일단 나는 '이것은 아이의 과제'라고 생각하네. 방 안에 틀어박혀 있는 상황에 대해 개입하려 들지 않고, 과도하게 관심을 갖고 살피는 것을 그만둘 걸세.

그런 다음 곤경에 처했을 때는 언제든 도울 준비가 되어 있다는 메시지를 보낼 거야. 그러면 부모의 변화를 눈치 챈 아이는 '앞으로 어떻게 할 것인가'를 자신의 과제로 생각할 수밖에 없겠지. 도움을 구하거나, 혼자서 어떻게든 해결하려고 할 걸세.

청 년 실제로 아이가 방 안에 틀어박혀 지내도 그렇게 단언하실 수 있겠습니까?

철학자 아이와의 관계를 고민하는 부모는 대개 '아이의 인생은 곧 내 인생'이라고 생각하는 경향이 있어. 요컨대 아이의 과제까지도 자신의 과제라고 생각하고 떠안는 걸세. 그렇게 늘 아이만 생각하다가 문득 정신을 차렸을 때에는 인생에서 '나'는 사라지고 없지. 하지만 어느 정도 아이의 과제를 떠맡았다고 한들 아이는 독립적인 개인일세. 부모가 바라는 대로 되지 않아. 진학할 학교나 직장, 결혼 상대, 일상의 사소한 언행마저도 부모의 희망대로 움직여주지 않는다네. 당연히 걱정도 되고 개입하고 싶을 때도 있겠지. 하지만 아까도 말했지 않나. "타인은 자네의 기대를 만족시키기 위해 사는 것이 아니다"라고. 설령 내 자식이라도 부모의 기대를 만족시키기 위해 사는 것이 아니란 말일세.

청 년 가족끼리도 선을 그으란 말씀입니까?

철학자 오히려 거리가 가까운 가족이야말로 더 의식적으로 과제를 분리할 필요가 있네.

청 년 말도 안 돼요! 선생님, 선생님은 한쪽에서는 사랑을 말하면서 다른 한쪽에서는 사랑을 부정하고 있어요! 그렇게 타인과 선을 그어버리면 누구도 믿을 수가 없게 된다고요!

철학자 믿는다는 행위 또한 과제의 분리일세. 알겠나? 상대방을 믿는 것, 이것은 자네의 과제일세. 하지만 자네의 기대와 신뢰를 받은 상대가 어떻게 행동하느냐 하는 것은 그 사람의 과제인 걸세. 그 선을 긋지 않은 채 자신의 희망만 밀어붙이면 그건 스토커나 다름없지. 그것이야말로 하지 말아야 할 '개입'이라네. 비록 상대방이 내 희망대로 움직여주지 않는다 하더라도 계속 믿을 수 있을까, 사랑할 수 있을까. 아들러가 말하는 '사랑의 과제'에는 그런 질문까지 포함되어 있다네.

청 년 어려워요. 어렵다고요, 그것은!

철학자 물론이지. 하지만 이렇게 생각해보게. 타인의 과제에 개입하는 것과 타인의 과제를 떠안는 것은 자신의 인생을 무겁게 짓누른다네. 만약 인생에 고민과 괴로움이 있다면—그 고민은 인간관계에 있으니—먼저 "여기서부터 저기까지는 내 과제가 아니다"라고 경계선을 정하게. 그리고 타인의 과제는 버리게. 그것이 인생의 짐을 덜고 인생을 단순하게 만드는 첫걸음일세.

인간관계의 고민을 단숨에 해결하는 방법

청 년   ……도무지 납득이 되지 않습니다.

철학자   그러면 자네의 직장에 관해 부모님이 심하게 반대하는 장면을 가정해보지. 실제로도 반대를 하셨지?

청 년   네, 대놓고 극렬하게 반대하지는 않으셨지만 말끝마다 싫은 기색을 내비치셨습니다.

철학자   그러면 알기 쉽게 그 이상으로 심하게 반대를 했다고 치세. 아버지는 노발대발 화를 내고, 어머니는 눈물을 흘리며 반대했네. 도서관 사서라니 절대로 인정할 수 없다, 형과 함께 가업을 잇지 않으면 부모자식 간의 연을 끊자, 라고 압박했지. 하지만 여기서 '인정할 수 없다'는 감정과 어떻게 타협할 것이냐는 자네의 과제가 아니라 부모님의 과제네. 자네가 신경 쓸 문제가 아니지.

청 년 아니, 잠깐만요! 다시 말해 선생님은 "부모가 얼마나 슬퍼하든 관계없다"라고 말씀하시는 겁니까?

철학자 관계없네.

청 년 농담하지 마세요! 그따위 불효를 권장하는 철학이 어디 있답니까!

철학자 자신의 삶에 대해 자네가 할 수 있는 것은 '자신이 믿는 최선의 길을 선택하는 것', 그뿐이야. 그 선택에 타인이 어떤 평가를 내리느냐 하는 것은 타인의 과제이고, 자네가 어떻게 할 수 없는 일일세.

청 년 상대가 나에 대해 어떻게 생각하든, 좋아하든 싫어하든, 그것은 상대의 과제이지 내 과제가 아니다. 선생님은 그렇게 말씀하시는 겁니까?

철학자 분리란 그런 걸세. 자네는 타인의 시선에서 자유롭지 못하고 타인의 평가에 민감하지. 그래서 타인에게 인정을 받고자 혈안이 돼 있어. 그러면 왜 타인의 시선에서 자유롭지 못한 걸까? 아들러 심리학의 관점에서 보자면 간단해. 자네는 아직 과제를 분리하지 못하고 있어. 본래는 타인의 과제여야 할 것까지 '내 과제'라고 생각하고 있지. 지난번에 들려준 "네 얼굴을 주의 깊게 보는 사람은 너뿐이다"라고 한 할머니의 말을 떠올려보게. 그 말에는 과제 분리의 핵심이 담겨 있어. 다른 사람이 자네의 얼굴을 보고 무슨 생각을 할까? 그건 그 사람의 과제야. 자네가 이러쿵저러쿵 따질 문제가 아닐세.

청 년 ……음, 머리로는 이해합니다. 하지만 그런 괴상망측한 논리를 가슴으로는 받아들일 수 없습니다!

철학자 그러면 다른 각도에서 생각해보세. 예를 들어 회사에서 인간관계로 고민하는 사람이 있어. 상사라는 인간이 사사건건 딴죽을 거는데다 아무리 열심히 일해도 인정해주기는커녕 얘기조차 들어주지 않네.

청 년 꼭 제 상사 같군요.

철학자 하지만 그 상사에게 인정받는 것이 자네가 최우선으로 고려해야 할 '일'인가? 회사 사람들에게 잘 보이는 게 일은 아니지 않은가? 상사가 자네를 싫어한다, 그것도 말도 안 되는 이유로 그런다, 그러면 더는 다가서려고 노력할 필요가 없네.

청 년 논리상으로야 그렇죠. 하지만 상대는 상사가 아닙니까? 직속상사 눈 밖에 나면 일하기 힘들다고요.

철학자 그 또한 아들러가 말한 '인생의 거짓말'일세. 상사의 눈 밖에 났으니 일할 수 없다, 내가 일을 잘 못하는 것은 상사 때문이다. 그렇게 말하는 사람은 대개 '잘 풀리지 않는 일'에 대한 구실로 상사의 존재를 든다네. 적면공포증에 걸린 여학생처럼 자네는 '싫어하는 상사'의 존재가 필요한 걸세. 그 사람만 없으면 나는 더 일을 잘할 수 있다고 말이야.

청 년 선생님은 부하직원과 상사와의 관계를 잘 몰라서 그렇습니다! 제발 그런 일방적인 억측은 그만 하시라고요!

철학자 이것은 아들러 심리학의 근간과 관련된 이야기일세. 그런 식으로 화를 내면 아무것도 받아들일 수 없어. "저 상사 때문에 일을 할 수가 없어"라고 생각하는 것은 누가 봐도 원인론이지. 그러지 말고 "일을 하고 싶지 않아서 상사를 싫어하기로 했다"라거나 "내 무능력함을 인정하고 싶지 않아서 싫어하는 상사를 만들어냈다"라고 생각하는 걸세. 목적론적인 발상을 하는 거지.

청 년   선생님이 사랑해 마지않는 목적론으로 생각하면 그 렇겠죠. 하지만 제 경우는 다릅니다!

철학자   만약 자네가 과제를 분리할 수 있다면 어떻게 될까? 즉 상사가 아무리 부당하게 화를 내도 그것은 '나'의 과제가 아닐세. 상사가 해결해야 할 과제지. 자네가 먼저 다가갈 필요도 없고, 고개를 숙일 필요도 없어. 자네가 할 일은, 내 인생에 거짓말을 하지 않고 내 과제를 직시하는 것이다, 이렇게 이해하면 어떨까?

청 년   하지만 그것은⋯⋯.

철학자   인간은 모두 인간관계로 고민하고 괴로워하네. 이를 테면 부모님과 형과의 관계일 수도 있고, 직장동료와의 관계일 수도 있지. 그리고 지난번에 자네가 말했지? 더 구체적인 방법이 필요하다고. 내 제안은 이렇네. 먼저 '이것은 누구의 과제인가'를 생각하게. 그리고 과제를 분리하게. 어디까지가 내 과제이고, 어디서부터가 타인의 과제인가. 냉정하게 선을 긋는 걸세. 그리고 누구도 내 과제에 개입시키지 말고, 나도 타인의 과제에 개입하지 않는다. 이것이야말로 구체적이고도 대인관계의 고민을 단숨에 해결할 수 있는, 아들러 심리학만의 획기적인 점이라고 할 수 있지.

청 년 ······아하, 오늘의 과제가 '자유'라고 했던 의미를 조
금은 알 것 같습니다.

철학자 그래. 우리는 지금 '자유'에 관해 논하려는 걸세.

'고르디우스의 매듭'을 끊으라

청 년 선생님 말씀대로 과제의 분리를 이해하고 실천한다
면 인간관계가 단번에 자유로워질 겁니다. 하지만
저는 여전히 납득할 수 없습니다.

철학자 궁금한 게 있으면 묻게.

청 년 과제의 분리는, 이론적으로는 전혀 흠잡을 데가 없
어요. 타인이 나를 어떻게 생각하느냐, 나에 대해 어
떤 평가를 내리느냐, 그것은 타인의 과제라서 내가
어떻게 할 수 있는 문제가 아니다, 나는 내 인생에 거
짓말을 하지 않고 할 일만 하면 된다. 이 모든 이야
기는 그야말로 인생의 진리라고 해도 무방할 정도로
옳은 말입니다. 하지만 생각해보세요. 논리적으로나
도덕적으로나 그렇게 행동하는 것이 옳다고 할 수

있을까요? 타인과 경계선을 긋고 사는 삶이? 그건 저를 걱정해서 내미는 손길마저도 "참견하지 마!" 하고 뿌리치는 꼴이잖아요. 타인의 호의를 짓밟는 게 아닙니까?

철학자 자네는 알렉산드로스 대왕을 알고 있나?

청 년 알렉산드로스 대왕이요? 네, 세계사에서 배웠습니다 만······.

철학자 기원전 4세기경에 활약한 마케도니아의 국왕이지. 그가 프리지아(Phrygia)로 원정을 나갔을 때 그곳 신전에 기둥에 묶여 있는 전차 한 대가 있었다네. 과거 프리지아의 국왕이었던 고르디우스가 단단히 묶어 두라고 명령을 내려서 그렇게 해둔 것이었지.[1] 당시에 "전차를 묶은 매듭을 푼 자는 아시아의 왕이 되리라"하는 전설이 있었다네. 그런데 어찌나 복잡하고 단단하게 매어놓았던지, 머리깨나 쓴다 하는 자들이 앞다투어 도전했지만 아무도 풀지 못했네. 그런데 알렉산드로스 대왕이 어떻게 한 줄 아나?

---

1 프리지아에 내란이 끊이지 않았을 때 이륜마차를 몰고 오는 사람이 나라를 구하고 왕이 되리란 신탁이 있었다고 한다. 그 사람이 바로 고르디우스였는데, 당시에는 이륜마차가 흔하지 않았다. 신탁에 의해 왕이 된 고르디우스는 마차를 신전에 바치고 아무도 사용하지 못하도록 복잡하고 단단하게 묶어놓았다. 이를 '고르디우스의 매듭(Gordian knot)'이라고 하며, '복잡하고 풀기 어려운 문제'를 뜻하는 말이 되었다.

청 년   전설의 매듭을 보란 듯이 풀고 아시아의 왕이 되었
군요.

철학자   아니, 알렉산드로스 대왕은 단단하게 묶인 매듭을
보자마자 단검을 꺼내 단칼에 끊어버렸네.

청 년   와우!

철학자   그때 알렉산드로스 대왕은 이렇게 말했다고 하네.
"운명이란 전설에 의해 결정되는 것이 아니라 스스
로 개척하는 것이다"라고. 나는 전설의 힘 따위는 필
요하지 않다, 내 손으로 운명을 개척하겠다, 라는 뜻
이지. 알려진 대로 그 후 알렉산드로스 대왕은 중동
부터 서아시아 전역을 지배하게 되었지. 사람들에게
'고르디우스의 매듭'으로 알려진 유명한 일화일세.
이렇게 복잡하게 얽힌 매듭, 즉 인간관계의 '실타래'
는 더 이상 기존 방법으로는 풀 수 없네. 완전히 새로
운 수단으로 끊어야 하지. 나는 '과제의 분리'를 설
명할 때마다 고르디우스의 매듭을 떠올린다네.

청 년   하지만 누구나 알렉산드로스 대왕이 될 수는 없는 노
릇이잖아요. 그가 매듭을 끊었던 일화도, 그것이 다
른 누구도 하지 못한 행동이었기에 지금까지도 영웅
담처럼 내려오는 것이 아닙니까? 과제의 분리도 마

찬가지예요. 검으로 베어버리면 간단하다는 것을 알지만, 그게 말처럼 쉽지 않아요. 왜냐, 과제를 분리하면 결국 사람들과의 인연도 끊어지게 되니까요. 사람을 고립시키는 거죠. 선생님, 선생님이 말씀하신 과제의 분리는 인간의 감정을 완전히 무시하고 있습니다! 그렇게 해서 어떻게 좋은 인간관계를 만들 수 있답니까!

철학자 만들 수 있네. 과제의 분리는 인간관계의 최종 목표가 아니야. 오히려 입구라고 할 수 있지.

청 년 입구라고요?

철학자 예를 들어 책을 읽을 때, 책에 얼굴을 너무 가까이 대면 아무것도 보이지 않겠지? 마찬가지로 원만한 인간관계를 맺으려면 어느 정도 거리가 필요하네. 거리가 너무 가까우면 상대와 마주 보고 얘기조차 할 수 없네. 그렇다고 거리가 너무 멀어서도 안 돼. 부모가 아이를 계속 야단만 치면 마음이 멀어지지. 그러면 아이는 고민이 있어도 부모에게 털어놓지 않고, 부모도 도움을 줄 수가 없어. 손을 내밀면 닿을 수 있되 상대의 영역에는 발을 들이지 않는 거리. 그런 적당한 거리를 유지하는 것이 중요하다네.

청 년   부모와 자식 사이에도 거리가 필요합니까?

철학자   물론이지. 방금 전 자네는 과제의 분리가 상대의 호의를 짓밟는 것이라고 말했네. 그것은 전적으로 '보상'에 얽매인 발상이네. 타인에게 뭔가를 받으면 거기에—설사 그것이 바란 것이 아니었다고 해도—보답해야 한다는. 이는 호의에 답한다기보다는 보상에 연연하는 것뿐일세. 상대가 내게 어떻게 행동하든 내 행동을 정하는 것은 나일세.

청 년   내가 인연이라고 부르는 것의 밑바탕에 있는 것이 보상이라고요?

철학자   그래. 인간관계를 '보상'이라는 관점에서 보면, 내가 이만큼 줬으니까 너도 이만큼 줘, 라고 바라게 되네. 물론 그건 과제의 분리와는 동떨어진 발상이지. 우리는 보상을 바라서도 안 되고, 거기에 연연해서도 안 되네.

청 년   으음.

철학자   그럼에도 타인의 과제에 개입하는 것이 편한 순간이 있지. 예를 들어 아이를 키울 때. 아이가 신발 끈을 잘 묶지 못하면 바쁜 엄마가 보기에는 아이가 묶을 때까지 기다리는 것보다는 자신이 묶어주는 편이 훨씬 빨라. 하지만 그건 아이의 과제를 빼앗는 거야. 완전한 개입이지. 그리고 그러한 개입이 되풀이되면 아이는 아무것도 배우지 못하고 인생의 과제를 직시할 용기를 잃게 돼. 아들러는 말했네. "곤경에 직면해보지 못한 아이들은 곤경이 닥칠 때마다 그것을 피하려고 한다."

청 년 하지만 그건 너무 극단적인 발상입니다!

철학자 알렉산드로스 대왕이 고르디우스의 매듭을 잘랐을 때도 그렇게 생각한 사람이 있었을 걸세. 매듭은 손으로 풀어야 의미가 있는 것이다, 검으로 베는 것은 반칙이다, 알렉산드로스는 신탁의 의미를 이해하지 못했다 등등. 아들러 심리학에는 상식에 대한 안티테제(Antithese)[2]라는 측면이 있네. 원인론과 트라우마를 부정하고 목적론을 추구하는 것, 인간의 고민은 전부 인간관계에서 비롯된다는 것, 인정받기를 바라지 않는 것, 나아가 과제의 분리까지 모조리 상식에 대한 안티테제일세.

---

2 반정립(反定立). 헤겔은 변증법을 통해 인식이나 사물은 '정(定)-반(反)-합(合)'이라는 3단계를 걸쳐 전개된다고 했다. 이 중 '반(反)'에 해당하는 것으로 최초의 단계(定)를 부정하는 둘째 단계를 뜻한다. 처음의 주장인 정립에 대립하며, 그 최초의 명제를 부정해 새로운 주장이 세워진다.

청 년   ⋯⋯말도 안 돼요! 저는 그런 이상한 논리를 받아들

일 수가 없습니다!

철학자   왜지?

철학자가 설명한 '과제의 분리'는 매우 충격적인 내용이

었다. 확실히 모든 고민이 인간관계에서 비롯된다고 여긴다

면 과제의 분리는 유용하다. 이런 관점을 가진다면 세계는

더할 나위 없이 단순해질 것이다. 하지만 여기에는 찔러도

피 한 방울 통하지 않는다. 사람다운 따뜻함도 느껴지지 않

는다. 이런 철학을 받아들일 수 있단 말인가! 청년은 의자를

박차고 일어나 크게 소리쳤다.

인정욕구는 부자유를 강요한다

청 년   저는 옛날부터 불만이었습니다! 어른들은 젊은이들

을 향해 "하고 싶은 일을 해"라고 말합니다. 마치 젊

은이들 편인 양 다 이해한다는 얼굴로, 그것도 사람

좋은 미소를 지으면서요. 하지만 그건 그들이 생판

남이고, 아무런 책임을 지지 않아도 되는 관계니까

할 수 있는 말이라고요! 반면에 부모님이나 선생님이 "좋은 학교에 가", "안정적인 직업을 구해"라고 이래라저래라 잔소리를 하는 것은 단순한 개입이 아닙니다. 오히려 전적으로 책임을 지려는 태도죠. 그 사람의 장래를 진지하게 생각한다면 "하고 싶은 일을 해"라고 하는 무책임한 말이 나오겠어요! 아마 선생님도 제게 다 이해한다는 표정으로 "자네가 좋아하는 일을 하게"라고 말씀하실 테죠. 하지만 저는 그런 무책임한 말, 믿지 않습니다! 그건 어깨에 앉은 벌레를 털어내는 것처럼 아무런 뜻도 없는 말이니까요! 설사 그 벌레가 짓밟혀도 선생님은 싸늘한 얼굴로 "내 과제가 아니야"라고 외면하시겠죠! 뭐가 과제의 분리입니까, 이 냉혈한!

철학자 하하. 따뜻하다고는 할 수 없겠지. 요컨대 자네는 어느 정도는 개입이 필요하다, 내 길을 타인이 결정해 줬으면 좋겠다, 이 말인가?

청 년 어쩌면요. 이런 겁니다. 타인이 내게 무엇을 기대하는지, 내게 어떤 역할을 바라는지 판단하는 것은 그렇게 어렵지 않습니다. 반면 내가 하고 싶은 대로 사는 것은 굉장히 어려워요. 나는 무엇을 하고 싶은가,

무엇이 되고 싶고 어떤 인생을 살고 싶은가. 그런 구체적인 그림이 떠오르지 않으니까요. 누구나 명확한 꿈이나 목표를 갖고 있다고 생각하면 큰 오산입니다. 선생님은 잘 모르시겠지만.

철학자 자네 말대로 타인의 기대를 충족시키며 사는 것은 어렵지 않네. 내 인생을 타인에게 맡기면 되니까. 가령 부모가 깔아놓은 레일 위를 달린다, 여기에는 다소 불만을 느낄지언정 길을 헤맬 일은 없지. 하지만 내 갈 길을 스스로 결정하려고 들면 어떨까? 당연히 이리저리 헤매게 되겠지. '어떻게 살아야 할까?'라는 현실의 벽에 부딪히게 돼.

청 년 제가 타인에게 인정받고 싶은 이유가 바로 그겁니다! 지난번에 선생님은 신에 대해 말씀하셨죠. 인간이 신의 존재를 믿었던 시대라면 '신이 보고 있다'라는 믿음이 스스로를 지배하는 규율이 될 수 있다고 말입니다. 신에게 인정받는다면 굳이 타인에게 인정받을 필요가 없겠죠. 하지만 그런 시대는 아주 오래전에 끝났습니다. 그렇다면 '다른 사람이 보고 있다'라는 믿음에 기대어 스스로를 다스릴 수밖에 없죠. 타인에게 인정받기 위해 반듯한 삶을 사는 것, 타인의 시선이 내게 이정표가 되는 겁니다!

철학자 타인에게 인정받는 삶을 택할 것인가, 아니면 인정받지 않아도 되는 자유로운 삶을 택할 것인가. 중요한 문제이니 함께 생각해보세. 다른 사람의 시선을 신경 쓰고 다른 사람의 안색을 살피면서 사는 인생, 다른 사람이 소망을 이룰 수 있게 거들면서 사는 인생. 자네 말대로 이정표가 될지도 몰라. 하지만 너무 부자유스러운 삶 아닌가? 그러면 왜 그런 부자유스러운 삶을 택하는 것일까? 자네는 자꾸 인정욕구라고 하는데, 정확하게는 누구에게도 미움을 받고 싶지 않아서 그러는 걸세.

청 년 일부러 미움을 사고 싶은 사람이 어디에 있겠습니까!

철학자 맞아. 자네 말대로 미움을 사려는 사람은 아무도 없어. 하지만 이렇게 생각해보세나. 누구에게도 미움을 사지 않으려면 어떻게 해야 할까? 답은 하나밖에 없네. 언제나 다른 사람의 안색을 살피면서 모든 사람에게 충성을 맹세하는 것. 만약 주변에 열 명의 사람이 있다면 열 명 전원에게 충성을 다하는 거지. 그러면 당장은 누구에게라도 미움받지는 않을 걸세.

그런데 여기에는 큰 모순이 기다리고 있어. 미움받고 싶지 않다는 일념에서 열 명 전원에게 충성을 맹세하면, 마치 포퓰리즘(populism)에 빠진 정치가처럼 하지도 못할 일을 '할 수 있다'고 약속하거나, 책임지지 못할 일까지 떠맡게 될 소지가 있네. 물론 그 거짓말은 머지않아 발각될 테고. 그리고 신용을 잃고 인생은 더욱 고달파지겠지. 물론 계속된 거짓말로 인해 받게 되는 스트레스도 상상을 초월하네. 자네는 이걸 이해해야 돼. 타인의 기대를 충족시키려고 살면, 그리고 내 인생을 타인에게 맡기면, 자신에게뿐 아니라 주변 사람들에게도 계속 거짓말을 하게 되는 삶을 살게 된다는 걸.

청　년　그러면 자기중심적으로, 하고 싶은 대로 살라는 말씀입니까?

철학자　과제를 분리하는 것은 자기중심적인 것이 아니야. 타인의 과제에 개입하는 것이야말로 자기중심적인 발상이지. 부모가 자식에게 공부를 강요하고 진로와 배우자감까지 간섭한다, 이게 자기중심적인 게 아니면 뭔가?

청　년　그러면 자식이 되어가지고 부모의 의향이 뭐든 개의치 않고 자기 좋을 대로 살면 된다는 말씀입니까?

철학자　자기 인생을 원하는 대로 살면 안 되는 이유라도 있
　　　　나?

청　년　허, 참! 선생님은 허무주의자이면서 무정부주의자이
　　　　고, 동시에 향락주의자로군요. 이제 질리다 못해 헛
　　　　웃음이 나옵니다!

철학자　부자유스러운 삶을 택한 어른은, 지금 이 순간을 자
　　　　유롭게 사는 젊은이를 보고 향락적이라고 비판하지.
　　　　물론 이는 자신의 부자유스러운 삶을 납득시키려고
　　　　하는 인생의 거짓말일세. 스스로 진정한 자유를 택
　　　　한 어른이라면 그런 말을 하지 않을 거야. 오히려 자
　　　　유롭게 사는 것을 응원하겠지.

청　년　좋습니다. 어디까지나 자유의 문제라는 거군요? 그
　　　　러면 슬슬 본론으로 넘어가볼까요? 아까부터 자꾸
　　　　자유를 강조하시는데, 대체 선생님이 생각하시는 자
　　　　유란 무엇입니까? 우리는 어떻게 해야 자유로워질
　　　　수 있을까요?

진정한 자유란 무엇인가
·······························

철학자 자네는 방금 전에 "누구에게도 미움을 받고 싶지 않다"라고 인정하고, "미움을 받으려는 사람은 아무도 없다"라고 말했네.

청 년 네, 그랬죠.

철학자 나도 그래. 남에게 미움받고 싶진 않지. "일부러 미움을 사고 싶은 사람은 아무도 없다"라는 자네의 말은 예리한 통찰이라고 할 수 있네.

청 년 보편적인 욕구죠!

철학자 하지만 우리의 노력과는 상관없이 나를 싫어하는 사람도 있고, 자네를 싫어하는 사람도 있네. 이 또한 사실이지. 자네는 누군가가 자네를 싫어할 때, 혹은 싫어하는 것 같다고 느꼈을 때 어떤 기분이 들었나?

청 년 한마디로 말해서 괴로웠습니다. 왜 나를 싫어할까, 내 말이나 행동에 뭐가 잘못되었나, 이렇게 할 걸 그랬나, 저렇게 할 걸 그랬나, 끊임없이 고민하고 자책했습니다.

철학자 타인에게 미움받고 싶지 않은 마음은 인간에게 극히 자연스러운 욕망이며 충동일세. 근대철학의 아버지로 불리는 칸트는 그러한 욕망을 가리켜 '경향성(傾向性)'[3]이라고 했지.

청년 경향성이요?

철학자 그래. 본능적인 욕망, 충동적인 욕망이라는 뜻일세. 그러면 그런 경향성에 이끌린 채, 다시 말해 욕망이나 충동에 이끌려 사는 것, 비탈길을 굴러 내려가는 돌멩이처럼 사는 것이 '자유'일까? 그렇지 않지. 그런 삶은 욕망과 충동의 노예가 될 뿐이라네. 진정한 자유란 굴러 내려가는 자신을 아래에서 밀어 올려주는 태도가 아닐까?

청년 아래에서 밀어 올려준다고요?

철학자 돌멩이는 힘이 없네. 일단 비탈길을 굴러 내려가기 시작하면 중력이나 관성 같은 자연법칙이 허용하는 곳까지 계속 굴러 내려가지. 하지만 우리는 돌멩이가 아닐세. 경향성에 저항할 수 있는 존재야. 굴러 떨어지는 자신을 멈추고 비탈길을 올라갈 수 있는 힘이 있네. 인정받고 싶은 욕구는 자연스러운 거야. 그렇다고 다른 사람의 인정을 받기 위해 비탈길을 계

---

3 습관적인 감성적 욕망을 이르는 말이다. 이성적인 사고법칙에 의한 것이 아니라 감정의 법칙에 따라 저절로 기울어지는 마음의 성향을 뜻한다.

속 굴러가야 하는 걸까? 그렇게 완성된 모습을 '진정한 나'라고 할 수 있을까? 절대 아니지.

청 년 본능이나 충동에 저항하는 것이 자유라는 말씀인가요?

철학자 몇 번이고 말했지만, 아들러 심리학에서는 "모든 고민은 인간관계에서 비롯된 고민이다"라고 주장하지. 즉 우리는 인간관계에서 해방되기를 바라고, 인간관계로부터 자유로워지기를 갈망하네. 하지만 우주에서 혼자 사는 것은 절대로 불가능해. 생각이 여기에 이르렀다면 '자유란 무엇인가'에 대한 결론은 나온 것이나 마찬가지라네.

청 년 뭔데요?

철학자 단적으로 말해 "자유란 타인에게 미움을 받는 것"일세.

청 년 네? 무슨 말씀이신지?

철학자 자네가 누군가에게 미움을 받는 것. 그것은 자네가 자유롭게 살고 있다는 증거이자 스스로의 방침에 따라 살고 있다는 증표일세.

청 년 아, 아니. 하지만······.

철학자 자네 말대로 누군가에게 미움을 받는 것은 괴로운 일이야. 가능하면 누구에게도 미움을 사지 않고 인정받고 싶은 욕구를 충족시키며 살면 좋겠지. 하지만 모든 사람에게 미움을 받지 않는다는 건 부자유스러운 동시에 불가능한 일일세. 자유를 행사하려면 대가가 뒤따르네. 자유를 얻으려면 타인에게 미움을 살 수밖에 없어.

청 년 아니요! 절대로 아닙니다! 그런 건 자유가 아니에요! 그것은 '악당이 되라'고 부추기는 악마의 사상입니다!

철학자 자네는 아마 '조직에서의 해방'을 자유라고 생각했겠지. 가정이나 학교, 회사, 또는 국가에서 뛰쳐나오는 것 말이야. 하지만 실제로 조직을 뛰쳐나와도 진정한 자유는 얻을 수 없네. 남이 나에 대해 어떤 평가를 내리든 마음에 두지 않고, 남이 나를 싫어해도 두려워하지 않고, 인정받지 못한다는 대가를 치르지 않는 한 자신의 뜻대로 살 수 없어. 자유롭게 살 수 없지.

청 년 ……선생님은 저더러 "남에게 미움을 받아라"하시는 겁니까?

철학자 미움받는 것을 두려워하지 말라는 뜻일세.

청 년 하지만 그건…….

철학자 일부러 미움받을 짓을 하라고 부추기거나 나쁜 짓을
저지르라고 하는 것이 아닐세. 그 점을 오해해서는
안 되네.

청 년 잠깐만요, 그러면 질문을 바꾸겠습니다. 그렇다면
인간은 자유의 무게를 견딜 수 있을까요? 인간이 그
렇게 강인한 존재입니까? 가령 부모에게 미움을 받
아도 상관없다, 그렇게 독선적으로 행동할 수 있을
까요?

철학자 부모에게 미움을 받아도 괜찮다는 것도, 독선적으로
행동하라는 것도 아닐세. 그저 과제를 분리하라는
거지. 자네를 별로 좋아하지 않는 사람이 있다면, 그
건 자네의 과제가 아니야. 역으로 "나를 좋아해야 한
다", "이렇게 애를 썼는데 좋아하지 않는 게 이상하
다"라고 생각하는 것도 상대의 과제에 개입하는 보
상적 발상이라네. 미움을 살 가능성을 두려워하지
않고 앞으로 나간다, 비탈길을 굴러가듯이 살지 않
고 눈앞의 언덕을 올라간다. 그것이 진정한 자유일
세. 만약 내 앞에 '모두에게 사랑받는 인생'과 '나를
싫어하는 사람이 있는 인생'이 있고, 이 중 어느 한

쪽을 선택해야 한다고 치세. 나라면 주저하지 않고 후자를 택할 걸세. 남에게 어떻게 보이느냐보다 내가 원하는 삶을 살고 싶으니까. 즉 자유롭게 살고 싶은 거지.

청 년   ……선생님은 지금 자유로우십니까?

철학자   자유롭네.

청 년   남이 나를 싫어하지 않았으면 좋겠지만, 싫어해도 상관없다고요?

철학자   그래. '나를 싫어하지 않았으면 좋겠다'라고 바라는 것은 내 과제야. '나를 싫어하느냐 마느냐' 하는 것은 타인의 과제고. 나를 탐탁지 않게 생각하는 사람이 있다고 해도 나는 거기에 개입할 수 없네. 물론 전에도 말했듯이 '말을 물가로 데리고 가는' 노력은 할 걸세. 하지만 거기서 물을 마시느냐 마시지 않느냐 하는 것은 그 사람의 과제지.

청 년   ……그게 결론입니까?

철학자   행복해지려면 '미움받을 용기'도 있어야 하네. 그런 용기가 생겼을 때, 자네의 인간관계는 한순간에 달라질 걸세.

인간관계의 카드는 '내'가 쥐고 있다

청 년 설마 철학자의 방을 방문해서 "미움을 받아라" 하는
설교를 들을 줄은 상상도 못했습니다.

철학자 쉽게 받아들일 만한 얘기가 아니라는 것은 나도 알
아. 충분히 납득하고 받아들이려면 시간이 필요할
걸세. 아마 오늘은 더 이상 대화를 나눠도 머릿속에
들어오지 않겠지. 그래서 마지막으로 나에 대한 이
야기를 하고 오늘 대화를 마치겠네.

청 년 알았습니다.

철학자 내가 지금 하려는 얘기도 부모와 관련된 것일세. 나
는 어린 시절부터 아버지와 사이가 좋지 못했다네.
대화다운 대화도 나눈 적이 없이 지내다가, 20대 무
렵에 어머니가 돌아가시고 나서는 더욱 어색한 사이
가 되고 말았네. 그래, 내가 아들러의 사상을 알기 전
까지는 그랬지.

청 년 아버지와 사이가 나빴던 이유는 뭡니까?

철학자 내 기억으로는 아버지에게 맞은 것이 시초였지. 구
체적으로 뭘 잘못해서 그랬는지는 기억나지 않네.
그저 나는 아버지한테서 도망치려고 책상 아래 숨었

다가 아버지에게 끌려나와 아주 세게 맞았네. 그것도 한 대가 아니라 여러 대를.

청년 그 공포가 트라우마가 되어…….

철학자 아들러 심리학을 알기 전까지는 나도 그렇게 생각했지. 아버지는 말이 없고 무뚝뚝한 사람이었으니까. 하지만 '그때 맞아서 사이가 틀어졌다'라고 생각하는 것은 프로이트의 원인론에 입각한 발상일세. 아들러가 주창한 목적론의 입장에 서서 보면 원인과 결과가 완전히 역전되네. 즉 나는 '아버지와 좋은 관계를 맺고 싶지 않아서 맞은 기억을 꺼내들었다'라고 생각하게 되는 거지.

청년 선생님에게는 아버지와 사이좋게 지내고 싶지 않다, 관계를 회복하고 싶지 않다는 '목적'이 먼저였다는 말씀인가요?

철학자 그렇지. 나로서는 아버지와의 관계를 회복하지 않는 편이 더 좋았네. 내 인생이 잘 풀리지 않는 것은 아버지 탓이라고 핑계를 댈 수 있었으니까. 그게 내게는 '선(善)'이었네. 어쩌면 봉건적인 아버지에 대한 '복수'라는 측면이 있었을지도 몰라.

청년 바로 그 말이 듣고 싶었습니다! 인과법칙이 역전된다고 해도, 다시 말해 선생님의 경우에 '아버지에게 맞아서 사이가 틀어진 것이 아니라 아버지와의 관계를 회복하고 싶지 않아서 맞은 기억을 꺼냈다'라고 자기분석[4]을 해봤자 구체적으로 뭐가 달라집니까? 어차피 어린 시절에 맞은 사실은 그대로가 아닙니까?

철학자 이를 인간관계의 카드라는 관점에서 생각해보면 이해하기 편할 걸세. '아버지에게 맞아서 아버지와 사이가 나쁘다'라는 원인론에 입각해서 생각하면 나로서는 할 수 있는 게 아무것도 없네. 하지만 '아버지와 잘 지내고 싶지 않아서 맞은 기억을 꺼냈다'라고 생각하면 관계를 회복할 카드를 내가 쥐게 되지. 내가 '목적'을 바꾸면 그걸로 문제가 간단해진다는 뜻일세.

청 년 정말로 그럴까요?

철학자 물론.

청 년 진정 그렇게 생각하십니까? 머리로는 이해가 되지만 도저히 받아들일 수가 없네요.

철학자 그래서 과제를 분리하라는 걸세. 자네 말대로 아버지

---

4 자신의 무의식을 스스로 이해하는 일을 뜻하는 심리 용어.

와 나 사이에는 골이 깊었네. 실제로 아버지는 완고한 사람이라서 아버지의 마음이 달라질 거라곤 기대하지도 않았어. 그러기는커녕 내게 손을 댔다는 사실조차 잊었을 가능성이 높았지. 하지만 내가 관계를 회복하기로 '결심'하는 데 있어서 아버지의 생활양식은 무엇인가, 나를 어떻게 생각하고 있는가, 내가 다가서면 어떤 태도를 취할 것인가는 조금도 관계가 없었네. 상대방이 나와 관계를 회복할 의사가 없어도 상관없었지. 문제는 내가 결심하느냐 마느냐 하는 거지. 인간관계의 카드는 언제나 '내'가 쥐고 있다는 말일세.

청　년　인간관계의 카드는 언제나 내가 쥐고 있다······?

철학자　그래. 사람들은 대개 인간관계의 카드는 다른 사람이 쥐고 있다고 생각하지. 그래서 '그 사람은 나를 어떻게 생각할까'에 지나치게 신경을 쓰고, 타인이 바라는 것을 충족시키는 삶을 산다네. 하지만 과제의 분리를 배우고 나면 모든 카드를 내가 쥐고 있다는 사실을 알게 될 거야.

청　년　그러면 실제로 선생님이 변하면서 아버님도 달라지셨습니까?

철학자   나는 아버지를 달라지게 하려고 변한 것이 아닐세. 그것은 타인을 조종하려는 잘못된 생각이야. 내가 변해도 달라지는 것은 나 자신밖에 없어. 그 결과, 상대가 어떻게 될지는 아무도 몰라. 내가 관여할 수 있는 것은 없어. 이것도 과제의 분리라네. 물론 내가 변화하면서—나의 변화에 의해서가 아니라—상대가 변하기도 하네. 대개는 변할 수밖에 없지. 그래도 그것이 목적은 아니라네. 변하지 않을 가능성도 있어. 어쨌든 타인을 조종하는 수단으로 자신의 말과 행동을 바꾸는 것은 단언컨대 잘못된 발상일세.

청 년   타인을 조종해서는 안 되고, 조종할 수도 없다. 이 말씀이죠?

철학자   인간관계라고 하면 보통 '두 사람의 관계' 혹은 '다수와의 관계'를 떠올리지. 그런데 자기 자신이 먼저라네. 인정받는 데에만 혈안이 되어 있으면 인간관계의 카드는 언제나 남이 가질 수밖에 없어. 인생의 카드를 남에게 맡길 것인가, 내가 쥘 것인가의 문제라네. 과제의 분리, 그리고 자유에 대해 한 번 더 시간을 들여 천천히 생각을 정리해보게. 다음번에도 이곳에서 기다리겠네.

청 년 알았습니다. 혼자 곰곰이 생각해보겠습니다.

철학자 그럼…….

청 년 선생님, 마지막으로 하나만 더 묻겠습니다.

철학자 물어보게.

청 년 ……결국 선생님은 아버지와 화해하셨습니까?

철학자 물론이지. 나는 그렇게 믿고 있네. 아버지는 만년에
병을 얻어 돌아가시기 수년 전까지 나와 가족의 보
살핌을 받아야 했네. 그러던 어느 날, 여느 때와 마찬
가지로 아버지를 돌보고 있는 내게 아버지가 "고맙
다"라고 하시더군. 아버지의 사전에 그런 말이 있는
지조차 몰랐던 나는 정말 놀랐네. 그리고 살아온 날
들에 감사했지. 아버지를 돌보는 동안 나는 내가 할
수 있는 것, 즉 아버지를 물가에 모시고 가는 것까지
는 했다고 생각하네. 그리고 다행히 아버지는 물을
마셔주셨지. 나는 그렇게 믿네.

청 년 ……고맙습니다. 그러면 다음번에도 이 시간에 찾아
뵙겠습니다.

철학자 나도 즐거웠네. 나야말로 고마우이.

| 네 번째 밤 |

세계의 중심은 어디에 있는가

하마터면 속아 넘어갈 뻔했다! 그 다음 주, 청년은 결의에 찬 얼굴로 문을 두드렸다. 확실히 과제를 분리한다는 발상은 유용하다. 지난번에는 너무 쉽게 납득하고 말았다. 하지만 그렇게 사는 인생은 너무 고독하지 않은가. 과제를 분리하고 인간관계의 짐을 던다는 것은, 사람 사이의 인연을 끊으라는 소리나 진배없다. 심지어 사람들로부터 미움을 받으라고? 만약 사람들에게 미움을 받는 것이 자유라고 한다면, 나는 주저하지 않고 부자유를 택하리라!

개인심리학과 전체론

철학자   아니, 왜 그렇게 심각한 얼굴을 하고 있나?

청 년   과제의 분리, 그리고 자유에 대해 그날 이후로 마음을 가라앉히고 골똘히 생각해보았습니다. 감정적이 아니라 이성적으로 생각해보려고 애썼어요. 그래도 여전히 과제의 분리에 대해서는 완전히 납득이 안 됩니다.

철학자   허, 어떤 점이 그렇지?

청 년   과제의 분리. 그것은 결국 "나는 나, 너는 너"라고 경계선을 긋는 발상입니다. 선생님 말씀대로 인간관계에 대한 고민은 줄어들겠죠. 하지만 그런 삶의 방식이 정말 올바르다고 할 수 있을까요? 제가 보기에는 지극히 자기중심적인, 일그러진 개인주의에 불과합니다. 처음 방문했을 때 분명히 아들러 심리학의 정식 명칭이 '개인심리학'이라고 하셨죠? 그게 내내 마음에 걸렸는데 이제야 그 이유를 알았습니다. 아들러 심리학, 다시 말해 개인심리학이란 인간을 고립시키는 개인주의 학문이라는 것을요.

철학자   자네 말대로 '개인심리학'이란 명칭은 오해를 부르기 쉽지. 여기서 간단히 설명하고 넘어가겠네. 개인심리학은 영어로 'individual psychology'라고 하네. 그리고 이 개인을 뜻하는 'individual'의 어원을 살펴보면 '분할할 수 없다'는 의미가 담겨 있네.

청 년   분할할 수 없다고요?

철학자   그 이상 나눌 수 없는 최소 단위라는 뜻일세. 그러면 구체적으로 무엇을 분할할 수 없는 걸까? 아들러는 정신과 신체를 나누어 생각하는 것, 이성과 감정을 분리해서 생각하는 것, 그리고 의식과 무의식을 나누어 생각하는 것 등의 모든 이원론적 가치관에 반대했네.

청 년 무슨 뜻인지……. 더 구체적으로 설명해주세요.

철학자 이를테면 적면공포증에 걸려 내게 상담하러 온 여학생의 일화를 떠올려보게. 그녀는 왜 적면공포증에 걸린 걸까? 아들러 심리학에서는 신체의 증상을 마음(정신)과 떼어놓고 생각하지 않네. 마음과 몸은 하나이고, 더 이상 분할할 수 없는 '전체'로 보았지. 마음이 긴장하면 손발이 떨리거나 볼이 빨개지거나 혹은 공포로 얼굴이 새파랗게 질린다는 식으로.

청 년 뭐 마음과 몸은 연결되는 부분이 있겠죠.

철학자 이성과 감성, 의식과 무의식도 마찬가지일세. 평소에 냉정한 사람이 화가 난다고 해서 쉽게 이성을 잃지는 않아. 우리는 감정이라는 독립된 개체에 자극을 받아 행동하는 것이 아니거든. 인간은 통일된 전체인 셈이지.

청 년 아뇨, 그렇지 않아요. 마음과 몸, 이성과 감정, 의식과 무의식. 이것들을 완전히 떼어놓고 생각해야 비로소 올바른 인간관계를 만들 수 있다. 이게 더 합당한 얘기가 아닙니까?

철학자 물론 마음과 몸이 별개라는 것, 이성과 감정이 다르다는 것, 의식과 무의식이 있다는 것은 사실이네. 하지만, 예를 들어 화가 나서 타인에게 소리를 지른다면, 그것은 '전체로서의 나'가 소리 지르는 것을 선택한 걸세. 결코 감정이라는 독립된 개체가—말하자면 내 의향과 관계없이—악을 썼다고는 생각할 수 없네. 여기서 '나'와 '감정'을 따로 떼어놓고 '감정이 나를 그렇게 만들었다, 감정에 치우쳤다'라고 생각하면 쉽게 인생의 거짓말에 빠지게 되지.

청 년 제가 웨이터한테 화를 냈었던, 그 일 말이군요?

철학자 그래. 그렇게 인간을 더 이상 분할할 수 없는 존재로 파악하고 '전체로서의 나'를 생각하는 것을 '전체론'이라고 하네.

청 년 뭐 좋습니다. 하지만 선생님, 저는 '개인'의 정의에 대한 학술적 이론을 듣고 싶은 게 아니에요. 아시겠어요? 아들러 심리학은 파고들다 보면 결국 인간을 고립으로 이끌어요. 나는 나, 너는 너. 나도 간섭 안할 테니 너도 하지 마라, 서로 마음 내키는 대로 살자, 하는 식이에요. 그 점에 대한 선생님의 솔직한 의견을 듣고 싶군요.

철학자 알겠네. 모든 고민은 인간관계에서 비롯된 고민이라는 아들러 심리학의 기본 사상에 관해서는 이미 이해했겠지?

청 년 네. 고민을 해결하는 수단으로 인간관계에 간섭하지 않는다는 의미에서 과제의 분리라는 발상이 나온 거죠.

철학자 지난번에 내가 이런 말을 했지. "원만한 인간관계를 맺으려면 어느 정도 거리가 필요하다. 너무 밀착되어 있으면 마주 보고 대화하는 것이 불가능하다. 하지만 거리가 너무 멀어도 곤란하다." 과제의 분리는 타인을 밀어내는 발상이 아닐세. 복잡하게 얽히고설킨 인간관계의 실타래를 푸는 개념이지.

청 년 실타래를 푼다고요?

철학자 그래. 자네는 지금 자네의 실타래와 타인의 실타래를 뒤죽박죽 섞은 채로 세계를 바라보고 있어. 빨간색, 파란색, 노란색, 초록색 등 모든 색이 혼재된 상태를 '인연'이라고 생각하는 거지. 하지만 그건 '인연'이 아니야.

청 년 그러면 선생님은 '인연'에 대해서 어떻게 생각하십니까?

철학자 지난번에는 인간관계의 고민을 해결하기 위한 처방

전으로 과제의 분리에 관해 설명했네. 하지만 인간
관계는 과제를 분리하는 데서 끝나지 않지. 오히려
과제를 분리하는 것은 인간관계의 출발점이야. 오늘
은 아들러 심리학이 인간관계 전반을 어떻게 살피고
있는지, 우리는 타인과 어떤 관계를 맺어야 할지 더
깊이 논의해보자고.

인간관계의 목표는 '공동체 감각'을 향한 것

청 년 그러면 묻겠습니다. 이 질문에는 결론만 간단히 말
씀해주세요. 선생님은 과제의 분리가 인간관계의 출
발점이라고 하셨어요. 그러면 인간관계의 '목표'는
어디에 있습니까?

철학자 결론만 말하자면 '공동체 감각(共同體感覺)'이라고
할 수 있지.

청 년 ······공동체 감각이요?

철학자 그래. 공동체 감각은 아들러 심리학의 핵심 개념이
자 사람들 사이에서 가장 의견이 분분한 이론이기도
하네. 사실 아들러가 공동체 감각을 제기했을 때 많

은 사람이 그의 곁을 떠났지.

청 년 재미있군요. 그래서 공동체 감각이란 어떤 개념입니까?

철학자 지지난번이었나, 타인을 '적'으로 보느냐 '친구'로 보느냐에 관해 얘기했었지? 여기서 한 발 더 나아가 생각해보세. 만약 타인이 친구라고 한다면, 그리고 친구들에게 둘러싸여 살고 있다면, 우리는 그곳에서 우리가 '있을 곳'을 찾게 돼. 나아가서는 친구들—즉 공동체—을 위해 공헌하는 것도 고려하게 되겠지. 이렇게 타인을 친구로 여기고, 거기서 '내가 있을 곳은 여기'라고 느낄 수 있는 것이 '공동체 감각'일세.

청 년 대체 어느 부분이 의견이 분분하다는 건가요? 지극히 상식적인 주장인데요?

철학자 '공동체'의 참뜻이 문제인 거지. 자네는 공동체라는 말을 듣고 어떤 모습을 상상했나?

청 년 뭐 가정이나 학교, 직장, 지역사회 같은 집단을 생각했습니다.

철학자 아들러는 가정이나 학교, 직장, 지역사회는 물론이고 국가와 인류 등을 포괄한 전체와 과거에서 미래로 이어지는 시간 축, 나아가서는 동식물과 무생물까지도 공동체에 포함된다고 했네.

청년 네? 그게 무슨……

철학자 다시 말해 '공동체'라고 했을 때 우리가 흔히 생각하는 기존의 범위뿐 아니라 과거에서 미래 그리고 우주 전체를 아우른, 글자 그대로 '만물'을 공동체라고 역설한 걸세.

청년 아니아니, 의미를 전혀 모르겠는데요. 우주? 과거와 미래? 대체 무슨 말씀을 하시는 거예요?

철학자 이 이야기를 들은 사람들 대부분이 자네와 비슷한 의문을 가졌지. 이 자리에서 바로 이해하는 것은 무리야. 아들러 스스로도 자신이 말한 공동체에 대해 '도달하지 못할 이상'이라고 인정했을 정도니까.

청년 하아, 이것 참 난감하군요. 그러면 반대로 묻겠습니다. 선생님은 우주 전체를 포함한 공동체 감각인지 뭔지를 이해하고 납득했습니까?

철학자 그렇다고 생각하네. 한 발 더 나아가서 공동체 감각을 이해하지 못하면 아들러 심리학을 이해하지 못한 것이라고 감히 말할 수 있네.

청년 허!

철학자 몇 번이나 말했지만 아들러 심리학에서는 '모든 고민은 인간관계에서 비롯된 고민이다'라고 한다네.
불행의 근원은 인간관계에 있다. 거꾸로 말하면 행복
의 원천 또한 인간관계에 있다고 말할 수 있을 거야.

청 년 그건 그렇죠.

철학자 그리고 공동체 감각이란 행복한 인간관계가 무엇인
지를 생각할 때 가장 중요한 지표일세.

청 년 찬찬히 설명해주세요.

철학자 공동체 감각을 영어로는 'social interest'라고 하네.
즉 '사회적 관심'이지. 여기서 질문을 해볼까. 사회
학에서 말하는 사회의 최소 단위가 뭔 줄 아나?

청 년 사회의 최소 단위? 그야, 가족 아닙니까?

철학자 아니, '나와 너'일세. 두 사람이 있으면 거기서 사회
가 형성되고 공동체가 탄생하네. 아들러가 말하는
공동체 감각을 이해하려면 우선은 '나와 너'를 기준
점으로 생각하는 것이 좋아.

청 년 '나와 너'를 기준점으로 무엇을 어떻게 한다는 거죠?

철학자 자기에 대한 집착(self interest)을 타인에 대한 관심
(social interest)으로 바꾸는 것일세.

청 년 자기에 대한 집착? 타인에 대한 관심? 그게 무슨 말
이죠?

왜 '나' 이외에는 관심을 두지 않는가

철학자   그럼 구체적으로 생각해볼까. 여기서는 알기 쉽게 '자기에 대한 집착'을 '자기중심적'이란 말로 바꿔 말해보겠네. 자기중심적 인간이라고 하면 자네의 머 릿속에는 어떤 인물이 떠오르나?

청 년   글쎄요. 제일 먼저 폭군 같은 인간이 떠오르는데요. 안하무인으로 남에게 폐가 되든 말든 아랑곳하지 않 고 자기 안위만 생각하는 사람이요. 세계가 자기를 중심으로 돈다고 여기고, 권력이나 완력을 무기로 전제군주처럼 행동하죠. 주변 사람이 보기에 여간 성가신 존재가 아니에요. 셰익스피어 연극에 나오는 리어왕이 그 전형적인 예라고 할 수 있겠죠.

철학자   아주 그럴듯하군.

청 년   또 폭군은 아니지만 집단의 조화를 깨트리는 자도 자기중심적이라고 할 수 있겠죠. 사람들과 어울리지 못하고 단독으로 행동하기를 좋아하죠. 지각을 하거 나 약속을 어겨도 미안해하지 않아요. 한마디로 제 멋대로인 사람입니다.

철학자   자네 말대로 자기중심적 인물에 대한 일반적인 이미지는 거기서 크게 벗어나지 않을 걸세. 하지만 한 가지 타입이 더 있지. '과제의 분리'를 하지 못하고 인정욕구에 사로잡힌 인간.

청년 어째서요?

철학자 인정욕구의 진의를 생각해보게. 사람들이 자신을 얼마나 주목하는가, 자신을 어떻게 평가하는가. 즉 자신의 욕구를 얼마나 만족시켜주는가. ……인정욕구에 사로잡힌 인간은 얼핏 타인을 보는 것 같아도 실제로는 자기 자신밖에 보지 않아. '나' 이외에는 관심이 없지. 즉 자기중심적이라네.

청년 그러면 저처럼 타인의 평가에 지나치게 신경을 쓰는 사람도 자기중심적이라는 말씀입니까? 그렇게 사람들의 시선에 신경 쓰고 사람들에게 맞추려고 하는데도요?

철학자 그래. '나' 외에는 관심이 없다는 의미에서 자기중심적일세. 자네는 타인에게 잘 보이려고 남들의 시선에 신경을 쓰는 걸세. 그것은 타인에 대한 관심이 아니라 자기에 대한 집착이나 다름없지.

청년 하지만…….

철학자 지난번에 내가 말했지. 자네를 싫어하는 사람이 있는 것은 자네가 자유롭게 사는 증거라고. 어쩌면 그 말을 듣고 자네는 자기중심적이라고 생각했을지 몰라. 하지만 지금 나누는 대화를 통해 확실히 알았을 걸세. '남에게 어떻게 보이느냐'에만 집착하는 삶이야말로 '나' 이외에는 관심이 없는 자기중심적인 생활양식이라는 것을.

청 년 하핫, 경악스러운 발언을 하시는군요!

철학자 자네뿐 아니라 '나'에게 집착하는 사람은 모두 자기중심적일세. 그래서 '자기에 대한 집착'을 '타인에 대한 관심'으로 바꾸지 않으면 안 되는 거라네.

청 년 좋아요. 선생님 말씀대로 저는 저만 생각합니다. 그건 인정하죠. 남을 어떻게 보느냐보다 제가 어떻게 보이느냐에 촉각을 곤두세웁니다. 자기중심적이라고 하셔도 반론할 말이 없네요. 하지만 생각해보세요. 제 인생이 한 편의 장편영화라면 주인공은 영락없이 '나'이지 않습니까? 주인공에게 카메라를 향하게 하는 것이 그렇게 비난받을 일인가요?

나는 세계의 중심이 아니다

철학자 순서대로 생각해보게. 우리는 공동체의 일원으로 거기에 속해 있네. 공동체 안에서 내 자리가 있다고 느끼는 것, '여기에 있어도 좋다'고 느끼는 것. 즉 소속감을 갖는 것은 인간의 기본적 욕구라네. 이를테면 학업, 일, 친구, 그리고 연애와 결혼도 어떻게 보면 '여기에 있어도 좋다'고 여겨지는 장소와 관계를 찾는 것이라고 볼 수 있지. 그렇지 않나?

청 년 아, 그럼요. 그렇습니다! 전적으로 동의합니다!

철학자 그리고 내 인생의 주인공은 '나'라는 것, 여기까지는 문제가 없어. 하지만 '나'는 세계의 중심이 아니지. '나'는 인생의 주인공이면서도 어디까지나 공동체의 일원이자 전체의 일부란 말이야.

청 년 전체의 일부라고요?

철학자 자기 자신밖에 관심이 없는 사람은 본인이 세계의 중심에 있다고 생각하지. 이런 사람들에게 타인이란 '나를 위해 뭔가를 해줄 사람'에 불과해. 모든 사람이 나를 위해 행동하는 존재이며 내 기분을 최우선으로 고려해야 한다고 생각한다네.

청 년 마치 왕자님과 공주님처럼요.

철학자 그래, 자네 말대로야. 그들은 '인생의 주인공'을 넘어 스스로를 '세계의 주인공'이라고 믿네. 따라서 다른 사람을 만날 때도 "이 사람은 내게 무엇을 해줄까?" 그것만을 생각하지. 그런데—아마 이 부분이 왕자님이나 공주님과 다른 점이겠지—그 기대가 번번이 깨질 거야. '타인은 나의 기대를 채워주기 위해 사는 것이 아니기 때문'이지.

청 년 확실히 그렇죠.

철학자 그래서 기대가 채워지지 않을 때 그들은 크게 실망하고 심한 굴욕감을 느끼게 되지. 그리고 분개하네. "저 사람은 내게 아무것도 해주지 않았어", "저 사람은 내 기대를 배신했어", "저 사람은 이제 친구가 아닌 적이야" 하고 말이야. 자신이 세계의 중심에 있다는 신념을 가진 사람은 머지않아 '친구'를 잃게 되네.

청 년 그건 좀 이상한데요. 선생님이 말씀하지 않으셨습니까. 우리는 주관적인 세계에 살고 있다고 말입니다. 세계가 주관적인 공간인 이상, 그 중심에 있는 것은 나를 제외하고는 아무도 없다고. 왜 이랬다저랬다 하세요!

철학자   자네는 세계라는 말을 들었을 때 혹시 세계지도 같은 것을 생각한 건 아닌가?

청 년   세계지도요? 무슨 말씀이세요?

철학자   예를 들어 프랑스에서 사용하는 세계지도에는 아메리카 대륙이 왼쪽 끄트머리에 있고, 아시아가 오른쪽 끄트머리에 있네. 물론 지도 중앙에 있는 것은 유럽, 더 구체적으로 말하면 프랑스지. 반면 중국에서 사용하는 세계지도에는 중국이 한가운데 있고, 아메리카 대륙이 오른쪽 끄트머리에 유럽이 왼쪽 끄트머리에 있을 거야. 아마 프랑스인이 중국판 세계지도를 본다면 자신들이 부당하게 구석으로 쫓겨난 것 같은, 세계를 저들 마음대로 갈라놓은 것 같은 표현하기 어려운 위화감을 느낄 걸세.

청 년   네, 확실히 그럴 겁니다.

철학자   하지만 지구의로 세계를 보면 어떻게 될까? 지구의라면 프랑스를 중심으로 볼 수도 있고, 중국을 중심으로 볼 수도 있다네. 브라질을 중심으로 보는 것도 가능하지. 모든 장소가 중심이면서 또 중심이 아니지. 보는 사람의 위치와 각도에 따라 헤아릴 수 없는 무수한 중심이 여기저기 흩어져 있다네. 지구의란 그런 걸세.

청 년 음, 그렇죠.

철학자 방금 전에 나는 "자네는 세계의 중심이 아니야"라고
했네. 이 말을 지구의에 비추어 생각해보게. 자네는
공동체의 일부이지 중심이 아닐세.

청 년 나는 세계의 중심이 아니다, 세계는 평면에서 잘라
낸 지도가 아니라 지구의 같은 구체다. 뭐 논리상으
로는 이해가 갑니다. 하지만 뭣 때문에 '세계의 중심
이 아니다'라는 것을 의식하며 살아야 합니까?

철학자 우리가 처음에 했던 얘기로 돌아가보세. 우리는 모
두 '여기에 있어도 좋다'는 소속감을 갖기를 원해.
하지만 아들러 심리학에서는 소속감이 가만히 있어
도 얻어지는 것이 아니라 공동체에 적극적으로 공헌
해야 얻을 수 있는 것이라고 보았네.

청 년 적극적으로 공헌한다? 그게 무슨 뜻이죠?

철학자 '인생의 과제'에 직면하는 걸세. 즉 일, 교우, 사랑이
라는 인간관계의 과제를 피하는 것이 아니라 적극적
으로 받아들이는 거야. 만약 자네가 '세계의 중심'이
라고 한다면 공동체에 공헌하겠다는 생각을 눈곱만
큼도 하지 않을 걸세. 모든 타인이 '나를 위해 무언

가를 해주는 사람'이니 굳이 내가 나서서 행동할 필요는 없으니까. 하지만 자네도 나도 세계의 중심이 아니야. 내 발로 인간관계의 과제에 다가가지 않으면 안 되네. '이 사람은 내게 무엇을 해줄까?'가 아니라 '내가 이 사람에게 무엇을 줄 수 있을까?'를 생각해야지. 그것이 공동체에 공헌(commit)하는 길일세.

청 년   무언가를 주어야 내가 있을 곳을 얻을 수 있다는 뜻입니까?

철학자   그래. 소속감이란 태어나면서부터 주어지는 것이 아니라 스스로 획득하는 것일세.

아들러 심리학의 핵심 개념이자 가장 평가가 갈리는 이론이라는 공동체 감각. 확실히 그 개념은 청년이 선뜻 받아들이기 어려웠다. "너는 자기중심적이다"라고 지적받은 것도 불만이었다. 하지만 무엇보다 이해할 수 없던 것은 우주와 무생물까지 포함하는 공동체의 범위다. 대체 아들러는, 그리고 이 철학자는 무슨 말을 하고 싶은 것일까? 청년은 얼굴을 찡그리며 조용히 입을 열었다.

더 큰 공동체의 목소리를 들으라

청 년 음, 잘 모르겠습니다. 다시 정리해볼게요. 일단 인간 관계의 입구에는 '과제의 분리'가 있고, 목적지에는 '공동체 감각'이 있다. 공동체 감각이란 '타인을 친구로 간주하고, 그곳을 자신이 있을 곳이라 느끼는 것'이다. 여기까지는 이해했습니다. 하지만 세세한 내용은 여전히 이해가 되지 않습니다. 예를 들어 그 '공동체'라는 것이 우주 전체에 걸쳐 있고, 과거와 미래, 생물에서 무생물까지 아우른다는 것은 무슨 의미입니까?

철학자 아들러가 말하는 '공동체'의 개념을 받아들일 때, 곧이곧대로 실제 우주와 무생물을 상상하면 이해하기가 쉽지 않을 거야. 일단 공동체의 범위를 '무한대'라고 생각해보게.

청 년 무한대요?

철학자 이를테면 정년퇴직을 하자마자 생기를 잃는 사람이 있네. 회사라는 공동체에서 떨어져 나와 지위도 명함도 이름도 없는 '그저 평범한 사람이 되는 것', 즉 '보통'이 되는 것을 받아들이지 못하고 순식간에 늙는 거지. 하지만 이는 단순히 회사라는 작은 공동체에서 떨어져 나온 것에 불과해. 보다 큰 공동체에 여전히 속해 있지. 지구라는, 우주라는 공동체에 말이야.

청 년 그런 건 궤변에 불과합니다! "당신은 우주에 소속되어 있습니다"라고 말해준다고 해서 갑자기 없던 소속감이 생기겠어요?

철학자 확실히 자네 말대로 무작정 우주를 상상하기란 힘들겠지. 하지만 눈앞의 공동체에만 매달리지 말고 자신이 다른 공동체, 더 큰 공동체, 이를테면 지역사회나 국가에 속해 있고, 그곳에서도 어떠한 공헌을 할 수 있다는 자각을 얻기를 바라는 걸세.

청 년 그러면 이런 경우는 어떻습니까? 결혼도 하지 않고, 일자리도 갖지 않고, 친구도 없고, 사람들과 어울리지도 않고, 부모의 유산으로만 사는 남자가 있어요. 그는 '일의 과제', '교우의 과제', '사랑의 과제'를 전부 회피하고 있습니다. 이런 남자도 어떤 공동체에 속해 있다고 할 수 있습니까?

철학자 물론일세. 예를 들어, 그가 빵 한 조각을 사고 그 대가로 동전 한 닢을 지불했다고 하지. 그 지불한 동전은 빵가게 주인에게만 돌아가는 게 아니네. 밀과 버

터의 생산자들, 그리고 밀과 버터를 운반한 유통업
자들, 연료를 판매하는 업자들, 나아가서는 산유국
국민들까지 여러 사람에게 돌아갈 걸세. 줄줄이 엮
여 있지. 인간은 공동체를 떠나서 '홀로' 될 수도 없
거니와 '홀로' 살 수도 없어.

청 년   아니, 빵 하나 사는 데 뭐 그리 호들갑이세요?

철학자   호들갑이 아니야. 명백한 사실일세. 아들러가 말하
는 공동체란 가정이나 회사같이 눈에 보이는 것만이
아니라 눈에 보이지 않는 인연까지 포함한다네.

청 년   자꾸 반기를 드는 것 같아 죄송하지만, 선생님의 말
씀은 너무 추상적이에요. 지금 우리가 문제로 삼아
야 할 것은 '여기에 있어도 좋다'는 소속감입니다.
그리고 그 소속감이라는 의미를 생각할 때에는 눈
에 보이는 공동체가 더 강하게 와 닿죠. 그건 인정하
시죠? 이를테면 '회사'라는 공동체와 '지구'라는 공
동체를 비교했을 때, '나는 이 회사의 일원이다'라는
소속감이 더 커요. 선생님의 말씀대로라면 인간관계
의 거리와 깊이에서 확연히 차이가 납니다. 그런 면
에서 우리가 소속감을 갖기 원할 때 더 작은 공동체
에 주목하는 것은 당연하겠지요.

철학자   날카로운 지적이야. 그러면 왜 다수의 공동체를 의식하고, 더 큰 공동체를 의식해야 하는지 생각해보자고. 거듭 말하지만 우리는 모두 다수의 공동체에 속해 있네. 가정에 속해 있고, 학교에 속해 있고, 기업에 속해 있고, 지역사회에 속해 있고, 국가에 속해 있지. 여기까지는 동의하지?

청 년   동의합니다.

철학자   그러면, 가령 자네가 '학교'라는 공동체만이 자네가 있을 유일한 곳이라고 생각한다고 치세. 즉 학교야 말로 전부고 나는 학교가 있기에 존재한다, 그 이외의 '나'는 아무런 가치가 없다고. 그런데 그 안에서 어떤 문제에 맞닥뜨리면 어떻게 될까? 집단 괴롭힘을 당하거나, 친구를 사귀지 못하거나, 수업을 따라가지 못하거나, 애초에 학교라는 시스템에 맞지 않거나 등. 다시 말하면 학교라는 공동체에서 '여기 있어도 괜찮다'는 소속감을 느끼지 못할 가능성을 생각해보자는 거지.

청 년   아, 그럼요. 충분히 그럴 수 있죠.

철학자   그럴 때 학교만이 전부라고 생각하면 어떻게 될까? 자네는 어디에도 소속감을 느끼지 못하고 더 작은 공동체, 이를테면 가정으로 도피해 그곳에 틀어박히거나, 경우에 따라서는 집 안에서 폭력을 휘두를 수도 있어. 그렇게 해서라도 소속감을 얻으려고 할 걸세. 그런데 이때 '다른 공동체가 있다', 무엇보다 '더 큰 공동체가 있다'는 사실을 깨닫게 되면 어떨 것 같나?

청 년 무슨 뜻이죠?

철학자 학교 바깥에 더 큰 세계가 펼쳐져 있다. 그리고 우리는 누구나 그 세계의 일원이다. 만약 학교에 내가 있을 곳이 없다면 학교 '바깥'에서 내가 있을 곳을 찾으면 된다. 전학을 가도 되고, 자퇴를 해도 상관없다. 자퇴서 한 장으로 인연이 끊기는 공동체 따위는 없어도 그만이다. 만약 더 큰 세계가 있다는 사실을 알게 되면 자신이 학교에서 느꼈던 고통이 '찻잔 속의 태풍'이었다는 것을 알게 되겠지. 찻잔 밖으로 나오면 거칠게 몰아치던 태풍도 실바람으로 변할 테니까.

청 년 방 안에만 틀어박혀 있으면 찻잔 밖으로 나올 수 없단 말씀입니까?

철학자 방 안에 틀어박혀 있는 것은 찻잔 안에 머문 채 비좁은 피난처로 대피하는 것이네. 잠시 비를 피할 수는 있지만 태풍은 가라앉지 않지.

우리가 인간관계에서 곤경에 처했을 때,
출구가 보이지 않을 때 먼저 생각해야 할 것은
더 큰 공동체의 목소리를 들어야 한다는 원칙이네.

청 년 아니, 논리상으로야 그렇죠. 하지만 밖으로 나가는 것도 어려워요. 자퇴라는 결단도 그리 쉽게 내릴 수 있는 건 아니라고요.

철학자 그래, 자네 말대로 간단하지는 않지. 그럴 때 염두에 둬야 할 행동원칙이 있네. 우리가 인간관계에서 곤경에 처했을 때, 출구가 보이지 않을 때 먼저 생각해야 할 것은 더 큰 공동체의 목소리를 들어야 한다는 원칙이네.

청 년 더 큰 공동체의 목소리요?

철학자 학교라고 해서 학교라는 공동체의 상식(공통감각)으로 사리판단을 하지 말고, 더 큰 공동체의 상식을 따르라는 거지. 가령 자네 학교에서는 교사가 절대적인 권력자라고 하세나. 그런데 그런 권력이나 권위는 학교라는 작은 공동체에서만 통용되는 상식에 불과하지. '인간 사회'라는 공동체로 생각하면 자네도 교사도 대등한 '인간'일 뿐이야. 교사가 부당한 요구를 한다면 정면으로 이의를 제기해도 상관없네.

청 년 하지만 교사에게 이의를 제기하는 일은 말처럼 쉽지 않습니다.

철학자 이는 '나와 너'의 관계에도 해당되는데, 만약 자네가 이의를 제기해서 무너질 정도의 관계라면 그런 관계는 없느니만 못하네. 이쪽에서 끊어버리면 그만이지. 관계가 깨질까 봐 전전긍긍하며 사는 것은 타인을 위해 사는 부자유스러운 삶이야.

청 년 공동체 감각을 갖되 자유를 택하라?

철학자 물론이지. 눈앞의 작은 공동체에 집착하지 말게. 보다 다른 '나와 너', 보다 다양한 '사람들', 보다 큰 공동체는 반드시 존재하네.

칭찬도 하지 말고, 야단도 치지 말라

청 년 뭐 좋습니다. 그런데 알고 계세요? 선생님은 '과제의 분리'에서 '공동체 감각'으로 가는 과정을 설명하는 와중에 중요한 점을 놓치고 있어요. 맨 처음 과제를 분리한다, 내 과제는 여기까지고 여기서부터 저기까지는 타인의 과제다, 타인의 과제에는 개입하지 말고 내 과제에도 남이 개입하지 않도록 선을 긋는다. 좋긴 한데요, 이런 '과제의 분리'가 어떻게 인간관계를 쌓게 하고 끝내는 '여기에 있어도 좋다'는 공동체 감각에까지 이르게 한다는 거죠? 일, 교우, 사랑이라는 인생의 과제를 아들러 심리학에서는 어떻게 해결하라고 하나요? 결국 선생님은 구체적인 방법은 제시하지 않은 채 추상적인 말로 사람을 헷갈리게 하고 있지 않습니까.

철학자   그래, 중요한 건 그거지. 과제를 분리하면서 어떻게 원만한 관계를 만들까, 즉 어떻게 서로 협조하고 협력하는 관계로 발전시킬까 하는 점. 여기서 등장하는 것이 '수평관계'라는 개념일세.

청 년   수평관계요?

철학자   이해하기 쉽도록 예를 들어 설명하지. 아이를 기르거나 부하직원을 가르칠 때 보통 두 가지 방법을 쓰네. 야단치는 방법과 칭찬하는 방법.

청 년   아, 자주 쟁점이 되는 문제죠.

철학자   자네는 두 가지 중 어느 쪽을 택할 텐가?

청 년   물론 칭찬하는 방법입니다.

철학자   왜지?

청 년   동물 훈련을 떠올려보면 아실 겁니다. 동물에게 재주를 가르칠 때 채찍을 사용할 수도 있지만 먹이나 칭찬 등으로 보상을 줄 수도 있어요. 전자는 전형적인 '야단을 치며 기르는 방식'이고 후자는 '칭찬하며 기르는 방식'이죠. 둘 다 '재주를 가르치는 점'에서 결과는 다르지 않아요. 하지만 '야단을 맞으니까 하는 것'과 '칭찬을 받으니까 하는 것'은 대상에 대한 동기부여 측면에서 확연히 다릅니다. 후자의 경우가 더 기뻐하면서 할 수 있거든요. 야단을 치면 위축시킬 뿐이지만 칭찬을 하면 쑥쑥 발전합니다. 당연한 결과지요.

철학자　과연. 동물의 훈련을 예로 들다니 재미있군. 그러면 아들러 심리학의 입장에서 설명하지. 아들러 심리학에서는 양육을 비롯한 타인과의 모든 커뮤니케이션에 있어서 '칭찬은 금물이다'라는 입장을 취한다네.

청　년　칭찬해서는 안 된다고요?

철학자　물론 체벌은 당연히 금지고, 야단치는 것도 인정하지 않네. 칭찬도 금물이고, 야단도 금물이네. 그것이 아들러 심리학의 입장일세.

청　년　대체 이유가 뭡니까?

철학자　칭찬한다는 행위의 속내를 따져보세. 예를 들어, 내가 자네의 의견을 듣고 "잘했어"라고 칭찬을 했네. 그 말은 들으면 어떤 느낌이 들겠는가? 왠지 위화감이 느껴지지 않나?

청 년 음, 선생님 말씀대로 기분이 썩 유쾌하진 않겠네요.

철학자 왜 그런 느낌이 드는지 까닭을 말해줄 수 있나?

청 년 '잘했다'라는 말에 내포된, 위에서 아래를 내려다보는 뉘앙스가 불쾌합니다.

철학자 맞아. 칭찬한다는 행위에는 '능력 있는 사람이 능력 없는 사람에게 내리는 평가'라는 측면이 포함되어 있지. 저녁식사 준비를 돕는 아이에게 엄마가 "엄마를 도와주는 거야? 착하기도 해라"하고 칭찬을 했네. 하지만 남편이 같은 행동을 해도 똑같이 말할 수 있을까?

청 년 하하. 그럴 수는 없지요.

철학자 즉 "장하다", "잘했다", "훌륭하다"라고 칭찬하는 것은 엄마가 아이를 자기보다 아래로 보고 무의식중에 상하관계를 만들려는 걸세. 방금 전에 자네가 말한 동물 훈련 사례는 그야말로 '칭찬'의 배후에 있는 상하관계, 즉 수직관계를 보여주는 거지. 인간이 남을 칭찬할 때 그 목적은 '자기보다 능력이 뒤떨어지는 상대를 조종하기 위한 것'이라네. 거기에는 감사하는 마음도, 존경하는 마음도 없지.

232

청 년   조종하기 위해 칭찬한다고요?

철학자   그래. 우리가 남을 칭찬하거나 야단치는 것은 '당근을 쓰느냐, 채찍을 쓰느냐' 하는 차이에 불과해. 배후에 자리한 목적은 조종에 있지. 아들러 심리학이 상벌교육을 강하게 부정하는 것도 아이를 조종하려는 측면 때문일세.

청 년   아니아니, 그렇지 않아요. 아이의 입장에서 생각해보세요. 아이에게 부모의 칭찬을 받는다는 것은 더할 나위 없이 기쁜 일이잖아요? 칭찬받고 싶어서 공부를 한다, 칭찬받고 싶어서 예의바르게 행동한다. 솔직히 말해서, 어린 시절에 제가 부모님께 얼마나 칭찬받고 싶었는데요! 어른이 되고 나서도 마찬가지에요. 상사에게 칭찬받으면 누구나 신이 날 걸요. 이는 논리로는 설명할 수 없는 본능적인 감정이라고요!

철학자   누군가의 칭찬을 받고 싶다고 바라는 것. 아니면 반대로 다른 사람을 칭찬하는 것. 이는 인간관계를 '수직관계'로 바라본다는 증거일세. 자네가 칭찬받기를 원하는 것은 수직관계에 익숙해졌기 때문일세. 아들러 심리학에서는 온갖 '수직관계'를 반대하고 모든 인간관계를 '수평관계'로 만들자고 주장하네.

어떤 의미에서는 이것이 아들러 심리학의 근본 원리라고 할 수 있지.

청 년 그건 '같지는 않지만 대등' 하다는 뜻이로군요?

철학자 그렇지. 대등은 곧 '수평'이네. 여기 전업주부인 아내에게 "한 푼도 못 버는 주제에!"라고 하거나 "누구 덕에 먹고 사는지 알아!"라며 걸핏하면 큰소리치는 남자가 있네. "돈 걱정을 해봤어, 뭘 해봤어? 그만하면 호강이지 뭐가 불만이야!"라는 말을 입버릇처럼 하지. 참 한심하지 않은가? 경제 사정은 인간의 가치와는 무관하네. 회사원과 전업주부는 일하는 장소와 역할만 다를 뿐이지. 그야말로 '같지는 않지만 대등' 한 관계라네.

청 년 그건 그렇습니다.

철학자 아마 그런 사람들은 여성이 똑똑해지는 것, 자기보다 돈을 더 많이 버는 것, 당당히 자기 의견을 내세우는 것이 두려울걸. 전반적인 인간관계를 '수직관계'로 보고, 여자들이 자기를 아래로 볼까 두려워하고 있는 거지. 즉 강한 열등감을 숨기고 있는 거라네.

청 년 어떤 의미로는 일부러 자신의 능력을 과시하려는 우월 콤플렉스에 빠졌다는 거군요?

철학자   그런 거지. 열등감이란 원래 수직관계에서 생기는 걸세. 모든 사람이 '같지는 않지만 대등'한 수평관계에 있다면 열등 콤플렉스가 생길 여지가 없지.

청 년   음, 선생님 말씀대로 저도 누군가를 칭찬할 때 마음속 어딘가에서 '조종'하려는 의식이 있었는지도 모르겠어요. 아부를 해서 상사에게 잘 보이려고 하는 것도 일종의 조종이죠. 저 역시 누군가에게 칭찬을 받음으로써 조종당한다는 거고요. 후훗, 저는 그 정도의 인간이었던 거네요!

철학자   수직관계에서 벗어나지 못했다는 의미에서는 그렇겠지.

청 년   흥미진진한데요. 계속해보세요!

'용기 부여'를 하는 과정

철학자   과제의 분리에 대해 설명할 때 '개입'이라는 말을 쓴다네. 타인의 과제에 불쑥 끼어드는 행위를 뜻하지. 그러면 왜 인간은 개입을 하는 걸까? 그 배경에는 사실상 수직관계가 있지. 인간관계를 수직으로 받아들이면, 상대를 자신보다 아래라고 보고 개입을 하네. 상대를 바람직한 방향으로 이끈다, 내가 옳고 상대는 틀렸다고 믿고 있지. 물론 여기서 개입은 조종이나 다름없네. 어린아이에게 "공부해"라고 명령하는 부모가 그 전형이라고 할 수 있겠지. 본인은 선의로 그렇게 말했는지 몰라도, 결국은 양해도 구하지 않고 남의 일에 불쑥 끼어들어서 자신이 의도하는 방향으로 조종하려고 하는 거지.

청 년 수평관계를 맺으면 개입도 사라진다는 건가요?

철학자 사라지지.

청 년 공부에 관해서라면 그럴 수 있겠죠. 하지만 눈앞에서 괴로워하는 사람이 있다면, 그 사람을 그대로 놔둘 수는 없지 않습니까? 그마저도 '여기서 손을 내미는 것은 개입이니까' 하며 가만히 있어야 합니까?

철학자 아픈 사람을 보고도 못 본 체하라는 말이 아니야. 그럴 때에는 개입이 아니라 '지원'이 필요하네.

청 년 개입과 지원이라, 둘의 차이가 뭔데요?

철학자 과제의 분리에 대해 우리가 나눴던 대화를 떠올려보게. 아이가 공부하는 것은 아이가 스스로 해결해야 하는 과제이지, 부모와 교사가 대신 해줄 수 있는 게 아니네. 개입이란 타인의 과제에 불쑥 끼어들어 "공부해"라고 하거나 "그 대학에 가야 해" 하고 지시하는 걸 뜻하네. 반면에 지원이란 과제의 분리와 수평관계를 전제로 하지. 공부는 아이의 과제라는 것을 이해한 상태에서 부모가 할 수 있는 것을 생각하는 거지. 구체적으로 말하자면, 공부하라고 일방적으로 명령하는 것이 아니라 아이에게 '공부를 잘할 수 있다'고 자신감을 불어넣어주고 스스로 과제를 해결할 수 있도록 곁에서 힘이 되어주는 거라네.

청 년 돕는 것은 강제가 아니란 말이군요?

철학자 그래. 강제하지 않고 어디까지나 과제를 분리한 상태에서 자력으로 해결할 수 있게 지원하는 거야. 그야말로 "말을 물가에 데리고 갈 수는 있지만, 물을 마시게 할 수는 없다"라는 말에 딱 들어맞는 일이지. 과제를 하는 것도 본인이고, 과제를 하겠다고 결심을 하는 것도 본인이지.

청 년 칭찬하지도 않고, 야단치지도 않는다?

철학자 그래. 칭찬하지도 야단치지도 않네. 이러한 수평관계에 근거한 지원을 아들러 심리학에서는 '용기 부여'라고 하지.

청 년   용기 부여라고요? ……아, 전에 나중에 설명하겠다
고 하셨던 그거로군요.

철학자   어떤 사람이 과제를 앞에 두고 망설이는 것은 그 사
람에게 능력이 없어서가 아니야. 능력이 있든 없든
'과제에 맞설 용기를 잃은 것'이 문제라고 보는 것이
아들러 심리학의 견해지. 그러면 이 시점에서 가장
필요한 게 뭘까? 잃어버린 용기를 되찾는 것이겠지.

청 년   아, 또 그 소리! 결국 그 말은 칭찬하라는 거잖아요!
인간은 남들의 칭찬을 들으면 자신에게 능력이 있다
는 것을 느끼고 용기를 되찾습니다. 제발 고집 좀 그
만 부리시고 칭찬의 필요성을 인정하세요!

철학자   인정 못하네.

청 년   왜요!

철학자   답은 분명하니까. 인간은 칭찬을 받을수록 '나는 능
력이 없다'는 신념을 갖게 된다네.

청 년   뭣 때문에요?

철학자   한 번 더 상기시켜줄까? 인간은 타인으로부터 칭찬
을 받을수록 '나는 능력이 없다'는 신념을 갖게 된다
네. 잘 기억해두게.

청 년   그런 바보가 어디에 있답니까? 그 반대겠죠! 칭찬받

음으로써 스스로 능력이 있다는 것을 실감한다. 제 말이 틀렸습니까?

철학자 틀렸네. 만약 자네가 칭찬을 받고 기쁨을 느낀다면, 그것은 수직관계에 종속되어 있으며 '나는 능력이 없다'고 인정하는 것과 다름없네. 칭찬은 '능력 있는 사람이 능력 없는 사람에게 내리는 평가'이기 때문이지.

청 년 그렇지만…… 그렇지만 그건 납득하기 어렵다고요!

철학자 칭찬받는 것이 목적이 되면 결국은 타인의 가치관에 맞춰 삶을 선택하게 돼. 자네는 지금까지 부모님의 기대에 맞춰 사는 인생에 넌더리가 난 게 아니었나?

청 년 ……그, 그야 뭐…….

철학자 먼저 과제를 분리할 것. 그리고 서로가 다름을 받아들이면서 대등한 수평관계를 맺을 것. '용기 부여'란 그 과정이 선행되어야 가능하네.

스스로 가치 있는 사람이라고 생각하려면

청 년 그러면 구체적으로 어떻게 하면 됩니까? 칭찬하는 것도 안 되고, 야단치는 것도 안 된다면서요. 그 밖에 어떤 말, 어떤 선택지가 있단 겁니까?

철학자 아이가 아니라 대등한 파트너가 자네의 일을 도와주었다고 생각해보게. 그러면 답은 저절로 나올 테니. 예를 들어, 친구가 방 청소를 도와주면 자네는 뭐라고 할 텐가?

청　년 글쎄요, "고맙다"라고 하겠죠.

철학자 그래, 일을 도와준 파트너에게 "고맙다"라고 인사하겠지. 아니면 "기쁘다", "도움이 됐다"라고 솔직한 심정을 전하거나. 이것이 수평관계에 근거해서 용기를 부여하는 방법일세.

청　년 그뿐입니까?

철학자 그래. 여기서 중요한 것은 타인을 '평가'하지 않는 것이네. 평가란 수직관계에서 비롯된 말일세. 만약 수평관계를 맺고 있다면 감사나 존경, 기쁨의 인사 같은 더 순수한 말이 나오겠지.

청　년 음, 평가가 수직관계에서 비롯된 말이라는 지적에는 저도 동의합니다. 하지만 과연 '고맙다'는 인사가 잃어버린 용기를 되살릴 정도로 큰 힘을 갖고 있을까요? 설사 수직관계에서 나온 말이라고 할지라도 칭찬을 받았을 때 더 힘이 난다고 생각합니다만.

철학자 칭찬받는다는 것은 타인으로부터 '좋다'는 평가를 받는 걸세. 그리고 그 행위가 좋은지 나쁜지를 결정하는 것은 타인의 기준이고. 칭찬받고 싶다면 타인의 기준에 맞춰 행동할 수밖에 없어. 자신의 자유에 브레이크를 걸어야 하네. 반면 '고맙다'는 말은 평가가 아니라 보다 순수한 감사의 인사라네. 인간은 감사의 말을 들었을 때 스스로 타인에게 공헌했음을 깨닫게 되지.

청 년 남에게 '좋다'는 평가를 받아도 공헌했다고 느끼지 않나요?

철학자 자네 말대로야. 이는 앞으로 우리가 할 논의와도 관계가 있는 내용인데, 아들러 심리학에서 '공헌'이란 굉장히 중요한 키워드일세.

청 년 어떤 점에서요?

철학자 이를테면 어떻게 해야 인간은 '용기'를 낼 수 있을까? 이에 대한 아들러의 견해는 다음과 같지. "인간은 자신이 가치 있다고 느낄 때에만 용기를 얻는다."

청 년 자신이 가치 있다고 느낄 때?

철학자 열등감에 관해 설명할 때, 이것은 주관적인 가치의

문제라고 내가 말하지 않았나? '나는 가치가 있다'
고 느끼느냐, '나는 가치가 없다'고 느끼느냐. 만약
'나는 가치가 있다'고 느낄 수 있다면 그 사람은 있
는 그대로의 자신을 받아들이고 인생의 과제에 직
면할 용기를 얻게 될 걸세. 여기서 문제가 되는 것은
'대체 어떻게 하면 스스로 가치 있다고 느낄 수 있느
냐' 하는 점이라네.

청 년 그럼요, 그렇고말고요! 그 점을 명확히 해주시지 않
으면 곤란합니다!

철학자 매우 간단하네. 인간은 '나는 공동체에 유익한 존재
다'라고 느끼면 자신의 가치를 실감한다네. 이것이
아들러 심리학의 대답이지.

청 년 나는 공동체에 유익한 존재다?

철학자 공동체, 즉 남에게 영향을 미침으로써 '내가 누군가
에게 도움이 된다'고 느끼는 것. 타인으로부터 '좋
다'는 평가를 받을 필요 없이 자신의 주관에 따라
'나는 다른 사람에게 공헌하고 있다'고 느끼는
것. 그러면 비로소 우리는 자신의 가치를 실감하게
된다네. 지금까지 논의했던 '공동체 감각'이나 '용
기 부여'에 관한 말도 전부 이와 연결되네.

청 년   음. 너무 복잡한데요.

철학자   지금 논의의 핵심에 접근하고 있네. 잘 따라오시게. 타인에게 관심을 갖는 것, 수평관계를 맺고 용기 부여의 과정을 거치는 것. 이는 모두 '내가 누군가에게 도움이 된다'는 것을 실감하게 해주고, 돌고 돌아 인생을 살 수 있는 용기를 북돋아준다네.

청 년   누군가에게 도움이 된다, 그러므로 나는 인생을 살 가치가 있다. 그런 뜻입니까……?

철학자   ……잠시 머리 좀 식히지. 커피 한잔 어떤가?

청 년   네, 고맙습니다.

공동체 감각에 관한 논의는 점점 혼돈으로 빠져들었다. 칭찬하지 마라. 야단쳐서도 안 된다. 남을 평가하는 말은 전부 '수직관계'로부터 비롯되니 삼가야 한다. 그리고 우리는 내가 누군가에게 도움이 된다고 느낄 때에만 자신의 가치를 실감한다. ……이러한 논리에는 어딘가 큰 구멍이 있다. 청년은 그렇게 느꼈다. 뜨거운 커피를 마시는데 그의 뇌리에 떠오르는 사람이 있었으니, 자신의 할아버지였다.

여기에 존재하는 것만으로 가치가 있다

철학자 자, 정리가 좀 됐나?

청 년 ……조금씩이긴 하지만 보이기 시작했습니다. 그런
데 선생님, 방금 선생님이 얼마나 엄청난 발언을 했
는지 아세요? 너무 위험한, 세계의 전부를 부정하는
말도 안 되는 말씀을요.

철학자 허, 그게 뭐지?

청 년 누군가에게 도움이 된다고 느낄 때 자신의 가치를
실감한다. 반대로 말하면 남에게 도움이 되지 않는
인간은 가치가 없다, 그런 뜻 아닙니까? 더 깊게 따
지고 들면 갓 태어난 아기, 그리고 자리보전하고 있
는 노인과 환자들은 인생을 살 가치조차 없다는 뜻
이 됩니다. 왜냐고요? 우리 할아버지에 대해 말씀드
릴게요. 우리 할아버지는 현재 요양시설에서 하루
종일 누운 채 생활하고 계세요. 치매에 걸리셔서 아
들이나 손자 얼굴도 알아보지 못하고, 다른 사람의
보살핌 없이는 도저히 살 수 없는 상태입니다. 아무
리 생각해봐도 누군가에게 도움이 된다고 볼 수는
없지요. 아시겠어요, 선생님? 선생님의 지론은 우리

할아버지에게 "당신 같은 사람은 살 자격이 없습니다"라고 말하는 것과 같다고요!

철학자 결코 그렇지 않네.

청 년 어떻게 아니라고 하십니까?

철학자 내가 용기 부여라는 개념에 대해 설명했을 때 "우리 아이는 아침부터 저녁까지 못된 짓만 하고 '고맙다'라거나 '덕분에 도움이 됐다'라고 인사하는 법이 없습니다"라며 반론하던 부모가 있었네. 아마 자네가 말한 것도 이와 비슷한 맥락이지?

청 년 그렇습니다. 자, 이제 변명을 좀 해보시지요!

철학자 자네는 지금 타인을 '행위'의 차원에서 보고 있네. 즉 그 사람이 '무엇을 했는가' 하는 차원에서만 말이지. 그런 관점으로 생각하면 자리에 누워만 있는 노인은 주변 사람에게 폐만 끼치고 아무런 도움이 안 되는 것처럼 보일지도 몰라. 하지만 타인을 '행위'의 차원이 아닌 '존재'의 차원에서 살펴야지. 타인이 '무엇을 했는가'로 판단하는 것이 아니라 거기에 존재하는 그 자체를 기뻐하고 감사해야 하는 걸세.

청 년 존재에 감사하라고요? 도대체 무슨 말씀을 하시는 겁니까?

철학자   존재의 차원으로 생각한다면, 우리는 '여기에 존재' 하는 것만으로도 이미 타인에게 도움이 되고 가치가 있네. 그건 의심할 여지 없는 사실이야.

청 년   아니아니, 농담도 적당히 하시라고요! '여기에 존재'하는 것만으로도 누군가에게 도움이 된다니, 무슨 그런 신흥종교 단체에서나 할 법한 얘기를 하십니까!

철학자   예를 들어, 자네 어머니가 교통사고를 당했다고 하세. 의식불명의 중태라서 목숨이 위태로운 상황이라고 말이야. 이때 자네는 어머니가 '무엇을 했는가'는 조금도 상관하지 않을 걸세. 살아 있는 것만으로도 기쁘다, 오늘도 생명을 연장한 것만으로도 기쁘다고 느낄 걸세.

청 년   뭐 말할 것도 없지요!

철학자   존재의 차원에서 감사한다는 것은 그런 거라네. 위독한 상태의 어머니는, 설령 아무것도 할 수 없어도, 살아 있다는 자체만으로 자네나 가족에게 큰 위안이 될 걸세. 더 이해하기 쉽게 자네 자신을 예로 들어보지. 만일 자네가 생명이 위태로워서 간신히 목숨만 붙어 있다고 할 때, 주변 사람들은 '자네가 존재하는 것'만으로도 크나큰 기쁨을 느낄 걸세. 직접적인 행위가 없어도, 그저 무사히, 지금 이곳에 존재해주는 것만으로도 고마워할 거라고. 적어도 그렇게 생각하면 안 될 이유는 없지. 자신을 '행위'의 차원이 아니라 먼저 '존재'의 차원에서 받아들이게.

청 년 그건 너무 극단적인 상황이고요. 현실은 다릅니다!

철학자 아니, 다르지 않네.

청 년 어디가 다르지 않다는 겁니까? 더 일상적인 사례를 들어주세요! 그렇지 않으면 납득할 수 없습니다!

철학자 알겠네. 우리는 다른 사람을 볼 때 '자기만의 이상적인 모습'을 멋대로 지어내고, 그것을 기준으로 평가를 내린다네. 예를 들면 부모님 말에 일절 말대꾸를 하지 않고, 공부도 운동도 잘하고, 좋은 대학에 가서 큰 회사에 취직한다. 그런—있을 수도 없는—이상적인 아이를 만들어놓고 자식과 비교하며 불평을 하고 불만을 갖지. 이상적인 모습을 100점으로 놓고 천천히 점수를 깎는다네. 이거야말로 '평가'라는 발상이지. 그러지 말고 아이를 누구와 비교하지도 말고, 있는 그대로 보고, 그저 거기에 있어주는 것을 기뻐하고 감사하면 되네. 이상적인 100점에서 감점하지 말고, 0점에서 출발하는 거지. 그러면 '존재' 그 자체로 기뻐할 수 있을 걸세.

청 년 흠, 그건 이상론에 불과해요. 그러면 선생님은 학교에도 가지 않고, 취직도 하지 않고, 침울하게 집 안에 틀어박혀 있는 아이에게도 "고맙다"라고 감사 인사를 전하라는 겁니까?

철학자 물론이지. 예를 들어, 집 안에 틀어박혀 있던 아이가 밥을 먹은 후에 설거지를 도와줬다고 하세. 이때 "그런 건 안 해도 되니까 학교에나 가"라고 말하는 것은, 이상적인 아이의 모습을 정해놓고 점수를 깎는 부모나 할 법한 행동이지. 그런 말은 아이의 용기를 꺾는 결과만 가져올 뿐이야. 하지만 순순하게 "고맙다"라고 표현하고 기뻐할 수 있다면, 아이는 자신이 가치 있다고 느끼고 새로운 한 발을 내디딜지도 몰라.

청 년 에이, 위선이에요 위선! 그런 건 위선자의 빈말에 불과하다고요! 공동체 감각이라느니, 수평관계라느니, 존재에 감사하라느니. 그런 게 가능한 사람이 몇이나 되겠습니까!

철학자 마침 공동체 감각에 대해 아들러에게 비슷한 문제

제기를 한 사람이 있었지. 그때 아들러의 대답은 이러했네. "누군가가 시작하지 않으면 안 됩니다. 다른 사람이 협력하지 않더라도 그것은 당신과는 관계없습니다. 내 조언은 이래요. 당신부터 시작하세요. 다른 사람이 협력하든 안 하든 상관하지 말고." 나의 조언도 전적으로 그러하네.

인간은 '나'를 구분할 수 없다

청   년   ······나부터요?

철학자   그래. 다른 사람이 협력적인지 아닌지 따지지는 말고.

청   년   그럼 하나만 더 묻겠습니다. 선생님은 "인간은 살아 있는 것만으로도 누군가에게 도움이 된다, 살아 있는 것만으로도 자신의 가치를 실감할 수 있다"라고 말씀하셨죠?

철학자   그랬네.

청   년   하지만 글쎄요. 저는 여기에 살고 있습니다. 다른 누구도 아닌 '제'가 여기에 살고 있지요. 그렇지만 제

자신에게 가치가 있다고 생각지는 않습니다.

철학자 　왜 가치가 없다고 생각하지? 설명해주겠나?

청 년 　그건 선생님이 말씀하신 인간관계 때문이죠. 어린 시절부터 지금에 이르기까지 제 주위에 있는 사람들, 특히 부모님은 사사건건 저를 형보다 못하다며 무시했어요. 인정해주지 않았습니다. 선생님은 가치란 내가 스스로에게 주는 것이라고 말씀하셨습니다. 하지만 그 말씀은 탁상공론에 불과해요. 예를 들어 제가 평소 도서관에서 하는 일, 즉 반납된 책을 분류하고 서고에 다시 진열하는 일은 익숙해지면 누구나 할 수 있는 잡무입니다. 제가 없어져도 대체할 인원은 얼마든지 있어요. 제가 제공하는 것은 단순 노동이니만큼 그곳에서 일하는 사람이 '나'든 '다른 누군가'든 '기계'든 상관없습니다. 아무도 '이런 나'를 원하지 않죠. 그런 상태에서 자신감을 가질 수 있을까요? 스스로에게 가치가 있다고 느낄 수 있을까요?

철학자 　아들러 심리학에서 내놓는 답은 간단하네. 일단 다른 사람과, 한 명이라도 좋으니 수평관계를 맺을 것. 거기서부터 시작하는 걸세.

청 년 　바보 취급하지 마세요! 제게도 그런 친구가 있습니다! 그 친구와는 확실히 수평관계를 맺고 있다고요.

철학자 대신 부모와 상사, 후배나 기타의 사람들과는 수직
관계를 맺고 있지.

청 년 물론이지요. 그래도 잘 구별하고 있습니다. 누구나
그렇잖아요.

철학자 그것이 매우 중요한 포인트네. 수직관계를 맺느냐,
수평관계를 맺느냐. 그것은 생활양식의 문제이고,
인간은 자신의 생활양식을 상황에 따라 이리 바꿨다
저리 바꿨다 할 만큼 임기응변에 능한 존재가 아닐
세. 요컨대 '이 사람과는 대등하게', '이 사람과는 상
하관계로'라는 식이 안 된다는 거지.

청 년 수직관계인지 수평관계인지, 어느 한쪽만 고를 수밖
에 없다고요?

철학자 그래. 만약 자네가 한 사람이라도 수직관계를 맺고
있다면, 자네는 자신도 모르는 사이에 모든 인간관
계를 '수직'으로 파악하고 있는 걸세.

청 년 그럼 저는 친구조차도 수직관계로 파악하고 있다고
요?

철학자 틀림없네. 상사나 부하직원처럼 생각하지는 않겠지
만 "A는 나보다 위지만 B는 나보다 아래다", "A의 의

견에는 따르지만 B의 말은 들을 필요 없다", "C와의 약속은 없던 것으로 해도 괜찮다"라는 식이지.

청 년　……으음!

철학자　반대로 누구 한 사람이라도 그 사람과 수평관계를 맺을 수 있다면, 진정한 의미에서 대등한 관계를 맺을 수 있다면, 자네의 생활양식에 대전환이 일어나겠지. 그리고 그것을 계기로 모든 인간관계는 '수평'이 될 걸세.

청 년　아뇨아뇨. 그런 허튼 소리 따위, 얼마든지 반박해드리겠습니다! 회사를 예로 들어보죠. 회사에서 사장님과 신입사원이 대등한 관계를 맺는 것이 실제로 가능할까요? 우리 사회에는 제도적으로 상하관계가 정착되어 있고, 그것을 무시하는 일은 사회의 질서를 무시하는 게 됩니다. 20대 초반의 신입사원이 60대 사장님에게 친구처럼 말을 거는 일은 있을 수 없는 얘기잖아요?

철학자　분명히 연장자를 공경하는 것은 중요하지. 회사 조직이라면 직책의 차이가 있는 것도 당연해. 누구와도 친구처럼 지내라, 누구에게나 허물없이 행동하라는 게 아닐세. 의식상에서 대등할 것, 그리고 주장할 것은 당당하게 주장하는 것이 중요하단 말이지.

청 년 윗사람에게 버릇없이 의견을 내다니 저로서는 엄두도 못 내겠습니다. 그런 짓을 했다가는 사회생활에 대한 상식을 의심받을 겁니다.

철학자 윗사람이란 뭐지? 뭐가 버릇없는 의견이란 말인가? 그 자리의 분위기를 보고 수직관계에 종속되는 것은 자신의 책임을 회피하려는 무책임한 행동이네.

청 년 어디가 무책임하다는 겁니까?

철학자 만약 자네가 상사의 지시에 따른 결과, 그 일이 실패로 끝났다고 해보세. 그건 누구 책임인가?

청 년 그야 상사의 책임이죠. 저는 명령에 따랐을 뿐이고, 결정을 내린 사람은 상사니까요.

철학자 자네에게는 책임이 없다?

청 년 없습니다. 지시를 내린 상사의 책임입니다. 그것이 조직의 생리입니다.

철학자 그렇지 않네. 그것은 인생의 거짓말이야. 자네에게는 거절할 여지가 있었고, 더 나은 방법을 제안할 여지도 있었지. 자네는 그저 거기에 얽힌 인간관계의 알력을 피하기 위해, 그리고 책임을 회피하기 위해 '거절할 여지가 없었다'고 둘러대며 수직관계에 종속되어 있는 거라네.

청 년   그러면 상사에게 반항이라도 할까요? 아니, 논리로
는 그렇지요. 논리상으로는 그게 맞습니다. 하지만
애초에 무리라고요. 그런 관계를 맺는 것은 무리입
니다!

철학자   그렇게 생각하나? 자네는 지금 나와 수평관계를 맺
고 있네. 자네의 생각을 당당히 주장하고 있지. 이런
저런 어려운 점은 생각 말고 이제부터 시작하면 되
는 거라네.

청 년   이제부터요?

철학자   그래. 이 작은 서재에서부터. 전에도 말하지 않았나,
자네는 내게 소중한 벗이라고.

청 년   …….

철학자   내 생각이 틀렸나?

청 년   ……고맙죠, 고마운 말씀입니다. 하지만 전 두려워
요! 선생님의 그 제안을 받아들이는 것이 두렵습니
다!

철학자   뭐가 두렵지?

청 년   당연히 교우의 과제죠! 저는 선생님과 같은 연장자
와 친구가 된 적이 없습니다. 이렇게까지 나이 차가

나는 친구관계가 가능한지, 아니면 사제관계라고 생각해야 하는지 저로서는 잘 모르겠다고요!

철학자 사랑에서도, 친구를 사귀는 데 있어서도 나이는 관계없네. 교우의 과제에 일정한 용기가 필요한 것은 사실일세. 나와의 관계에서는 조금씩 거리를 좁히면 된다네. 밀착될 정도로 가까워질 필요는 없고, 손을 뻗으면 서로의 얼굴에 닿는 정도의 거리면 되겠지.

청 년 시간이 필요합니다. 한 번 더, 한 번만 더 제게 혼자서 생각할 시간을 주세요. 그게 아니더라도 오늘 논의는 생각해봐야 할 것이 아주 많습니다. 집에 돌아가서 혼자 조용히 곱씹어봐야겠어요.

철학자 공동체 감각을 이해하려면 시간이 필요하겠지. 지금, 이 자리에서 모두 이해하는 건 도저히 불가능한 얘기니까. 집에 돌아가서 지금까지의 논의를 되새기며 천천히 생각해보게.

청 년 그러겠습니다. ……그건 그렇고, 제가 다른 사람은 보지 않고 저에게만 관심을 두고 있다는 의견은 뼈아픈 일격이었습니다. 선생님은 정말로 무서운 분이세요!

철학자 후후. 기분 좋은 것처럼 들리는데.

청 년 네, 시원하고 유쾌하네요. 물론 따끔하기도 하고요. 가슴이 쑤셔요, 마치 바늘을 삼킨 것처럼요. 그래도 역시 후련합니다. 아무래도 선생님과 논의하면서 버릇이 들었나 봐요. 아까 깨달았는데, 어쩌면 나는 선생님의 지론을 논파하기보다는 선생님으로부터 제 지론이 논파당하기를 바라는지도 모르겠습니다.

철학자 오, 재미있는 분석이군.

청 년 그래도 잊지는 마세요. 저는 선생님의 지론을 논파하는 것, 선생님을 무릎 꿇게 만드는 것을 아직 포기하지는 않았으니까요!

철학자 나 역시도 즐거운 시간이었네. 고마우이. 그럼 생각이 정리되면 언제든 찾아오게나.

ㅣ다섯 번째 밤ㅣ

지금, 여기를 진지하게 살아간다

청년은 생각했다. 아들러 심리학은 철저히 인간관계에 초점을 맞춘다. 그리고 인간관계의 최종 목적지는 공동체 감각에 있다. 하지만 정말 그것만으로도 좋은 걸까? 우리는 차원이 더 높은 무언가를 이루기 위해 이 세상에 태어난 것은 아닐까? 인생의 의미란 무엇일까? 나는 어디로 향해, 어떤 삶을 살아야 하는 걸까? 생각할수록 청년은 스스로가 하찮은 존재로 여겨졌다.

과도한 자의식이 브레이크를 건다

철학자 오랜만이로군.

청 년 네. 대략 한 달 만이죠. 이후로 내내 공동체 감각의 의미에 대해 생각해보았습니다.

철학자 어땠나?

청 년 선생님 말씀대로 공동체 감각은 매력적인 사고(思考)입니다. 이를테면 우리의 근원적인 욕구인 '여기에 있어도 좋다'는 소속감 같은 개념은 그야말로 우리가 사회적 동물이라는 점을 꿰뚫어보는 훌륭한 통찰이라고 생각합니다.

철학자 ……훌륭한 통찰이다. 그런데?

청 년 후훗, 벌써 눈치 채셨네요. 네, 문제가 남아 있습니다. 솔직히 말씀드려서 우주 운운하는 말이 잘 와 닿지 않는데다 종교적인 느낌이 납니다.

철학자 아들러가 공동체 감각이라는 개념을 제창했을 때도 비슷한 반발이 많았지. 심리학은 과학인데, 아들러는 '가치'의 문제를 말하기 시작했으니까. 그런 건 과학이 아니라고 말이야.

청 년 그래서 왜 이해하지 못하는 걸까 나름대로 따져보았는데, 어쩌면 순서의 문제일지 모른다는 생각이 들었습니다. 느닷없이 우주니 무생물이니 과거니 미래니 하는 것을 생각하니까 이해가 안 되는 거죠. 그러지 말고 우선 '나'에 대해 제대로 이해해보자. 그러고 나서 일대일 관계, 즉 '나와 너'라는 인간관계를 생각하자. 이렇게 순서대로 생각해보면 결국 큰 공동체가 보이지 않을까 해서요.

철학자 과연. 순차적으로 잘 생각했군.

청 년 그래서 먼저 묻고 싶은 것이 있는데 '나에 대한 집착'입니다. 선생님은 '나에 대한 집착'에서 '타인에 대한 관심'으로 전환하라고 말씀하셨지요. 타인에

260

대한 관심이 중요한 것은 사실입니다. 동의합니다. 하지만 우리 인간은 어떻게 해도 나만 신경 쓰이고, 나만 보입니다.

철학자 왜 자신만 신경 쓰는 걸까? 생각은 해봤나?

청 년 생각해봤습니다. 예를 들어 내가 나르시시스트(na-rcissist)와 같이 나를 사랑한 나머지 내게 홀딱 반해서 나만 바라본다면 얘기가 쉬워질지도 모르겠어요. 이럴 때 "다른 사람에게 더 관심을 가져라"라는 지적은 합당합니다. 하지만 우리는 자신을 사랑하는 나르시시스트가 아니라 혐오하는 리얼리스트(realist)입니다. 자기를 혐오하기 때문에 자기만 바라보는 것이죠. 자신감이 없으니까 자의식 과잉에 빠지는 거고요.

철학자 자네는 어떤 때에 자신이 자의식 과잉이라고 느끼나?

청 년 회의할 때요. 손을 들고 발언하는 일이 없습니다. '이런 질문을 하면 웃음거리가 되겠지', '주제를 벗어난 의견이라고 바보 취급을 당할지 몰라' 와 같은 쓸데없는 생각으로 손 드는 것을 망설이게 돼요. 아니, 그뿐 아니라 사람들 앞에서 가벼운 농담을 날리는 것도 주저하고요. 늘 자의식이 브레이크를 걸어서 일거수

일투족을 얽어맵니다. 자연스럽게 행동하는 것을 제 자의식이 허락하지 않는 거죠. 선생님의 답은 들을 필요도 없어요. 언제나 그렇듯 "용기를 가져라" 하고 말씀하시겠죠. 하지만 그런 말은 제게 아무런 도움이 되지 않아요. 그건 용기 이전의 문제니까요.

철학자 알겠네. 지난번에 공동체 감각에 대한 전반적인 개념은 설명했으니, 오늘은 보다 깊이 들어가보도록 하지.

청 년 그러면 우리의 대화는 어디에 다다르게 될까요?

철학자 아마도 '행복이란 무엇인가'라는 주제에까지 이르 겠지.

청 년 허, 공동체 감각의 끝에 행복이 있다는 겁니까?

철학자 답을 급하게 낼 필요 있나. 지금 우리에게 필요한 것 은 대화일세.

청 년 후훗, 좋습니다. 그럼 시작하시죠!

자기긍정이 아닌 자기수용을 하라

철학자 먼저 방금 전에 자네가 "자의식이 브레이크를 걸어서 자연스럽게 행동하지 못한다"라고 했던 말. 이거 야말로 많은 사람이 실감하는 고민인지도 모르네. 그러면 이제 다시 원점으로 돌아가서 자네의 '목적' 을 생각해보자고. 자네는 자연스러운 행동에 브레이 크를 걸어서 무엇을 얻으려고 하는 걸까?

청 년 웃음거리가 되고 싶지 않다, 얼뜨기 같은 놈으로 보이고 싶지 않다, 그런 마음이겠지요.

철학자 즉 자네는 자연스러운 나, 있는 그대로의 나에 대해 자신이 없다는 말이로군? 그래서 있는 그대로의 나인 채로 인간관계를 맺는 것을 회피하고 있지. 자네도 방 안에 혼자 있으면 큰 소리로 노래를 부르거나, 음악에 맞춰 춤을 추거나, 기세 좋은 말을 내뱉을 텐데 말이야.

청 년 하핫, 마치 감시 카메라라도 설치한 것처럼 말씀하시네요! 뭐, 그렇죠. 저 혼자 있으면 자유롭게 행동합니다.

철학자 혼자 있으면 누구나 왕처럼 행동할 수 있다네. 요컨대 이 또한 인간관계의 맥락에서 생각해볼 문제이지. '자연스러운 나'가 되지 못하는 것이 아니라, 그저 남들 앞에서 그렇게 행동하지 못하는 것뿐이니까.

청 년 그러면 어떻게 해야 좋을까요?

철학자 결국 공동체 감각이 필요하지. 구체적으로는 자기에 대한 집착(self interest)을 타인에 대한 관심(social interest)으로 돌리고, 공동체 감각을 기르는 것. 이에 필요한 것이 '자기수용'과 '타자신뢰', '타자공헌'이라네.

청 년 오, 새로운 키워드가 등장했군요. 뭡니까, 그게?

철학자 일단은 '자기수용'부터 설명하지. 처음 만났던 밤, 나는 자네에게 "중요한 것은 무엇이 주어졌느냐가 아니라 주어진 것을 어떻게 활용하느냐이다"라고 했던 아들러의 말을 소개했네. 기억나나?

청 년 물론입니다.

철학자 우리는 '나'라는 내용물이 담긴 그릇을 버릴 수도, 교환할 수도 없네. 하지만 중요한 것은 '주어진 것을 어떻게 활용하느냐'이지. '나'에 대한 견해를 바꾸는 것, 쉽게 말해 사용 용도를 바꾸라는 거네.

청 년 그건 보다 적극적으로 자기를 긍정하는 마음을 갖고, 어떤 일도 진취적으로 생각하라는 뜻입니까?

철학자 일부러 적극적으로 자신을 긍정할 필요는 없네. 자기긍정이 아니라 자기수용을 해야 하네.

청 년 자기긍정이 아닌 자기수용?

철학자 그래. 둘 사이에는 명확한 차이가 있지. 자기긍정이
란 하지도 못하면서 "나는 할 수 있다", "나는 강하
다"라고 스스로 주문을 거는 걸세. 이는 자신에게 거
짓말을 하는 삶의 방식으로 자칫 우월 콤플렉스에
빠질 수 있지. 한편 자기수용이란 '하지 못하는 나'
를 있는 그대로 받아들이고, 할 수 있을 때까지 앞으
로 나아가는 걸세. 자신을 속이는 일은 없지. 더 쉽게
설명하자면, 60점짜리 자신에게 "이번에는 운이 나
빴던 것뿐이야. 진정한 나는 100점짜리야"라는 말을
들려주는 것이 자기긍정이라네. 반면에 60점짜리 자
신을 그대로 60점으로 받아들이고, "100점에 가까워
지려면 어떻게 해야 좋을까"라고 방법을 찾는 것이
자기수용일세.

청 년 60점이라고 해서 비관할 필요는 없다고요?

철학자 물론이지. 결점이 없는 인간은 없어. 우월성 추구에
관해 설명할 때 말하지 않았나? 인간은 누구나 '향
상되기를 바라는 상태'에 있다고 말이야. 뒤집어 말
하자면, 100점 만점인 인간은 한 사람도 없다는 뜻일
세. 이 말은 인정할 수 있겠지.

청 년　음, 긍정적으로 들리면서도 어딘가 부정적인 뉘앙스
　　　가 느껴지는 말인데요.

철학자　그러한 것을 나는 '긍정적 포기'라고 말한다네.

청 년　긍정적 포기요?

철학자　과제를 분리하는 것과 마찬가지로 '변할 수 있는
　　　것'과 '변할 수 없는 것'을 구분해야 하네. 우리는
　　　'태어나면서 주어진 것'에 대해서는 바꿀 수가 없어.
　　　하지만 '주어진 것을 이용하는 방법'에 대해서는 내
　　　힘으로 바꿀 수가 있네. 따라서 '바꿀 수 없는 것'에
　　　주목하지 말고, '바꿀 수 있는 것'에 주목하란 말이
　　　지. 내가 말하는 자기수용이란 이런 거네.

청 년　……바꿀 수 있는 것과 바꿀 수 없는 것.

철학자　그래. 교환이 불가능함을 받아들이는 것. 있는 그대로
　　　의 '이런 나'를 받아들이는 것. 그리고 바꿀 수 있는
　　　것은 바꾸는 '용기'를 낸다. 그것이 자기수용이야.

청 년　음, 그리고 보니 전에 커트 보네거트(Kurt Vonnegut)[1]
　　　라는 작가가 이와 비슷한 말을 인용했더라고요. "신
　　　이여, 바라옵건대 제게 바꾸지 못하는 일을 받아들

---

1 미국의 수필가이자 소설가이다. 풍자, 블랙코미디, 공상과학의 장르를 한데 엮고 삽화를
　결들이는 작가로 유명하다. 소설 《제5도살장》과 《챔피온들의 아침식사》는 영화로도 만
　들어졌다. 수필 《나라 없는 사람》은 그의 유작이다.

266

이는 차분함과 바꿀 수 있는 일을 바꾸는 용기와 그 차이를 늘 구분하는 지혜를 주옵소서"라고요. 《제5 도살장(Slaughterhouse-Five)》이라는 소설이었어요.

철학자 그래, 자네도 알고 있군. 기독교계에서 예로부터 전해 내려오던 '니버의 기도'[2]에 나오는 유명한 구절이지.

청 년 그러고 보니 여기에도 '용기'라는 말이 나오는군요. 외울 정도로 읽어놓고선 이제야 생각나다니.

철학자 그래, 우리는 능력이 부족한 것이 아니라네. 그저 '용기'가 부족한 거지. 모든 것은 '용기'의 문제라네.

신용과 신뢰는 어떻게 다른가

청 년 하지만 그 '긍정적 포기'에는 왠지 모르게 비관적인 뉘앙스가 느껴져요. 이렇게 오랫동안 논의를 거듭한 끝에 나온 결과가 '포기'라니 너무 허무합니다.

철학자 그런가? 포기라는 말에는 원래 '명확하게 보다'라는

---

2 신학자인 라인홀드 니버(Karl Paul Reinhold Niebuhr)가 쓴 기도문으로, 평온을 비는 기도(Serenity Prayer)라고도 한다.

의미가 담겨 있다네. 만물의 진리를 단단히 확인하는 것. 그것이 '포기'라네. 비관적인 것과는 거리가 멀지.

청 년 진리를 확인한다…….

철학자 물론 긍정적 포기로 인해 자기수용을 할 수 있다고 해서 공동체 감각을 얻을 수 있는 건 아니네. 그건 사실이야. '자기에 대한 집착'을 '타인에 대한 관심'으로 돌릴 때 절대 빼놓을 수 없는 두 번째 키워드, 바로 '타자신뢰'라네.

청 년 타자신뢰. 즉 다른 사람을 믿으라는 말씀입니까?

철학자 여기서 '믿는다'라는 말은 신용과 신뢰로 구별해서 생각해야 하네. 먼저 신용에는 조건이 따르지. 영어로는 'credit'지. 예를 들어 은행에서 돈을 빌리려면 담보가 필요해. 은행은 그 담보의 가치를 매겨서 "그럼 이만큼 빌려드리겠습니다" 하고 대출금액을 산정하지. "당신이 빚을 갚는다는 조건하에 빌려주는 거예요", "당신이 갚을 수 있을 정도만 빌려줄게요"라는 식으로. 이건 신뢰가 아니라 신용이지.

청 년 뭐 은행의 융자라는 것이 그렇죠.

철학자 이에 대해, 인간관계는 '신용'이 아니라 '신뢰'를 기

반으로 성립한다고 보는 것이 아들러 심리학의 입장
이네.

청 년 그렇다면 아들러 심리학의 관점에서 신뢰란 뭔가
요?

철학자 다른 사람을 믿을 때 조건을 일절 달지 않는 걸세. 비
록 신용할 수 있을 만큼의 객관적 근거가 없더라도
믿는다, 담보가 있든 말든 개의치 않고 무조건 믿는
다. 그것이 신뢰라네.

청 년 무조건 믿는다고요? 또 선생님 특유의 이웃 사랑이
나왔군요.

철학자 물론 조건을 달지 않고 타인을 믿다가 배신을 당할
때도 있지. 보증을 선 사람이 그렇듯 손해를 보기도
하고 말이야. 그럼에도 믿음을 유지하는 태도를 신
뢰라고 부르지.

청 년 그건 머리가 모자란 멍청이라고요! 선생님은 성선설
(性善說)³의 입장에 서 계실지 모르지만, 저는 성악설
(性惡說)⁴을 믿습니다. 생판 남을 무조건 믿다가는 이
용만 당할 게 빤해요!

---

3 인간의 본성은 선천적으로 착하다고 보는 맹자(孟子)의 학설.
4 인간의 본성은 선천적으로 악하다고 보는 순자(荀子)의 학설.

철학자 속아서 이용만 당할 때도 있겠지. 하지만 자네가 배신하는 입장에서 생각해보게. 자네가 배신을 해도 무조건 믿어주는 사람이 있다, 무슨 짓을 해도 신뢰해주는 사람이 있다. 그런 사람을 자네는 몇 번이나 배신할 수 있겠나?

청 년 ······아니, 뭐.

철학자 분명 어려운 일일 걸세.

청 년 뭡니까? 결국 정에 호소하라는 건가요? 성인군자처럼 계속 믿으면서 상대의 양심에 맡겨라? 아들러는 도덕을 묻지 않는다고 하더니 결국은 도덕을 요구하는군요!

철학자 아니지. 신뢰의 반대가 뭔가?

청 년 신뢰의 반대말이요? ······어, 그게.

철학자 회의(懷疑)라네. 반대로 자네가 인간관계에 '회의'를 품고 있다고 하지. 남을 의심하고, 친구를 의심하고, 가족과 연인을 의심하며 살고 있다고 말이야. 거기에서 어떤 관계가 싹틀 수 있을까? 자네가 의심의 눈초리로 바라보면 상대방은 바로 알아채지. "이 사람은 나를 신뢰하지 않는구나"라고 직감적으로 느끼게 된다네. 거기에서 어떤 발전적인 관계가 만들어지겠나? 우리는 조건 없는 신뢰를 가져야 하네. 그래야 깊은 관계를 맺을 수 있지.

청년 ……으음.

철학자 아들러 심리학은 간단하네. 자네, 지금 '누군가를 무조건 신뢰해봤자 배신당할 뿐이다'라고 생각하고 있지? 그런데 배신할지 안 할지를 결정하는 것은 자네가 아니야. 그것은 타인의 과제지. 자네는 그저 '내가 어떻게 할 것인가'만 생각하면 되네. "상대가 배신하지 않는다면 나도 주겠다"라는 건 담보나 조건이 달린 신용관계에 불과해.

청년 그것도 과제의 분리라고요?

철학자 그래. 거듭 말하지만 과제를 분리할 수 있게 되면 인생은 놀랄 만큼 단순한 상태로 돌아간다네. 다만 과제의 분리라는 원리원칙을 이해하는 것은 쉬워도 실천하는 것은 어렵지. 그 점은 인정하네.

청년 그러면 모든 사람을 신뢰하고, 몇 번이고 속여도 계속 믿어라, 어수룩한 멍청이로 계속 살아라, 그런 말씀이군요? 그런 건 철학도 심리학도 아니에요. 종교인의 설교일 뿐이죠!

철학자 그런 건 아니라고 확실하게 말해두겠네. 아들러 심리학은 도덕적 가치관에 기초해서 '타인을 무조건 신뢰하라'고 설교하는 것이 아닐세. 조건 없는 신뢰란 인간관계를 잘 맺기 위한, 수평관계를 맺기 위한 '수단'에 불과해. 만약 자네가 그 사람과 관계를 맺고 싶지 않다면 단칼에 끊어버려도 상관없네. 끊느냐 마느냐는 자네의 과제니까.

청 년 그러면 반대로 제가 친구와 관계를 잘 맺고 싶어서 무조건 신뢰했다고 해봐요? 친구를 위해 분주히 뛰어다니고, 돈도 선뜻 내주고, 제가 할 수 있는 모든 시간과 노력을 쏟아 부었어요. 그랬는데도 배신을 당했습니다. 어떨까요? 그렇게까지 믿었던 상대에게 심한 배신을 당하면 분명 '타인은 적이다'라는 생활양식을 갖게 될 겁니다. 틀렸습니까?

철학자 신뢰의 목적이 어디에 있는지 아직 이해하지 못했군. 가령 자네가 사귀고 있는 여자친구에게 '바람을 피우고 있을지 모른다'는 의심이 들었다고 하세나. 그리고 상대가 바람을 피운 증거를 찾으려고 혈안이 되어 있어. 결과가 어떨 것이라고 생각하나?

청 년 글쎄요, 상황에 따라 다르겠죠.

철학자 아니, 어떠한 경우라도 바람 피운 증거를 산더미같이 찾아낼 걸세.

청 년 허, 왜요?

철학자 상대방의 아무렇지 않은 말과 행동, 누군가와 통화했을 때의 어조, 연락이 되지 않는 시간. 이런 것들을 의심의 눈초리로 바라보면 모두 '바람을 피운 증거'로 비칠 걸세. 설사 사실이 아니라고 해도.

청 년 ……으음.

철학자 자네는 지금 '배신당한 상황'에만 사로잡혀 있어. 그럴 때 받을 상처에만 주목하고 있다고. 그런데 신뢰하는 것을 두려워하면 결국은 누구와도 깊은 관계를 맺을 수 없다네.

청 년 예, 말씀하시는 뜻은 알겠어요. 최종 목표는 깊은 관계를 맺기 위해서라는 것을. 그래도 배신당할 위험이 남아 있는 것이 사실이잖아요?

철학자 얕은 관계라면 깨졌을 때의 고통이 작겠지. 하지만 그런 관계에서는 맛볼 수 있는 일상의 행복 또한 작을 걸세. '타자신뢰'를 통해 더 깊은 관계 속으로 들어갈 용기를 가질 때 인간관계의 즐거움이 늘어나고, 인생의 기쁨 또한 늘어나게 되는 거지.

청 년 아니요! 선생님은 또 제 말에 딴소리를 하시네요. 배신당할지도 모른다는 두려움을 뛰어넘을 용기가 어디에서 나온다는 겁니까?

철학자   자기수용에서. 있는 그대로의 나를 받아들이고 '내가 할 수 있는 것'과 '내가 할 수 없는 것'을 구분할 수 있다면, 배신이 타인의 과제라는 것도 이해할 수 있고, 타인을 신뢰하는 길로 들어서는 것 또한 어렵지 않을 걸세.

청 년   배신을 할지 말지는 타인의 과제니 내가 상관할 바 아니라는 건가요? 긍정적으로 포기하라? 선생님의 주장은 늘 감정을 배제하고 있어요! 배신으로부터 비롯되는 분노와 슬픔은 어쩌라는 겁니까?

철학자   슬플 때는 마음껏 슬퍼하게. 고통이나 슬픔을 피하려고 하니까 운신의 폭이 좁아져서 누구와도 깊은 관계를 맺지 못하는 걸세. 이렇게 생각해보게. 우리는 남을 신뢰할 수 있네. 의심할 수도 있지. 또한 우리는 타인을 친구로 생각하는 것을 목표로 삼을 수 있네. 믿을 것인가, 의심할 것인가. 선택은 명백하지 않은가.

274

일의 본질은 타인에게 공헌하는 것

청 년 알았습니다. 그렇다면 제가 '자기수용'을 했다고 쳐
요. 그리고 '타자신뢰'도 했습니다. 그때 제게 어떤
변화가 생긴다는 겁니까?

철학자 먼저 교환 불가능한 '이런 나'를 있는 그대로 받아들
일 수 있지. 그것이 자기수용이라네. 그리고 다른 사
람을 조건 없이 신뢰하는 것이 타자신뢰고. 자기를
받아들일 수 있고, 타인을 신뢰할 수 있게 된다. 이럴
경우 자네에게 타인은 어떤 존재일까?

청 년 ……친구, 인가요?

철학자 그렇지. 타인을 신뢰한다는 것은 곧 타인을 친구로
받아들인다는 것을 의미하네. 친구라서 신뢰할 수
있는 거지. 친구가 아니라면 신뢰까지 가지도 않아.
그리고 만약 타인이 친구가 되면, 자네는 자네가 속
한 공동체에서 있을 곳을 찾을 수 있게 될 걸세. '여
기에 있어도 좋다'는 소속감을 얻게 되는 거지.

청 년 즉 '여기에 있어도 좋다'는 소속감을 얻기 위해 타
인을 친구로 볼 필요가 있다, 그리고 타인을 친구로
여기기 위해선 자기수용과 타자신뢰가 필요하다, 그

말이죠?

철학자 그래, 이해하는 속도가 제법 빨라졌군. 한 가지 더 덧붙이자면 타인을 적으로 여기는 사람은 자기수용도 하지 못하고, 타자신뢰도 하지 못한다네.

청 년 좋습니다. 분명 인간은 '여기에 있어도 좋다'는 소속감을 원한다, 그러려면 자기수용과 타자신뢰를 해야 한다. 여기까지 다른 의견은 없습니다. 그런데 말이죠, 타인을 친구라 여기고 타인을 신뢰하는 것만으로도 소속감을 얻을 수 있을까요?

철학자 물론 공동체 감각이란 자기수용과 타자신뢰만으로 얻을 수 있는 것은 아니야. 그래서 세 번째 키워드, '타자공헌'이 필요하다네.

청 년 타자공헌이요?

철학자 친구인 다른 사람에게 무언가를 해주는 것, 공헌하려는 것. 그것이 '타자공헌'일세.

청 년 공헌이라면, 그러니까 자기희생 정신을 발휘하고 주변 사람에게 최선을 다하는 걸 말하나요?

철학자 타자공헌이 의미하는 것은 자기희생이 아니라네. 오히려 아들러는 타인을 위해 자기 인생을 희생하는 사람을 보고 '사회에 지나치게 적응한 사람'이라며 경종을 울리기도 했지. 떠올려보게. 우리는 자신의 존재나 행동이 공동체에 유익하다고 생각했을 때에만, 다시 말해 '나는 누군가에게 도움이 된다'고 여겨질 때에만 자신의 가치를 실감할 수 있다고 말했었네. 기억이 나나? 즉 타자공헌이란 '나'를 버리고 누군가에게 최선을 다하는 것이 아니라, 오히려 '나'의 가치를 실감하기 위한 행위인 셈이지.

청 년 타인에게 공헌하는 것이 나를 위해서라고요?

철학자 그래. 자기를 희생할 필요가 없네.

청 년 하아, 그 논리는 문제가 있는데요? 제대로 무덤을 파셨어요. '나'의 만족을 위해 타인에게 최선을 다한다. 이거야말로 위선 중의 위선이 아닙니까! 그래서 제가 말했잖아요. 선생님의 주장은 전부 위선이라고! 신뢰할 수 없다고요! 아시겠어요, 선생님? 저는 위선으로 뭉친 선인(善人)보다 자기 욕망에 정직한 악인(惡人)을 믿습니다!

철학자 지레짐작이 과하군. 자네는 아직 공동체 감각에 대해 이해를 못했나보군.

청 년 그러면 선생님이 생각하시는 타자공헌에 대한 구체적인 예를 들어보세요.

철학자   가장 알기 쉬운 타자공헌은 '일'이라네. 사회에 나가 일하는 것, 또는 집안일을 하는 것. 노동이란 돈을 버는 수단이 아니야. 우리는 노동을 통해 타인에게 공헌하고, 공동체에 헌신하며, '나는 누군가에게 도움이 된다'는 것을 실감하지. 나아가서는 자신의 존재 가치를 받아들이게 되지.

청 년   일의 본질이 타자에 대한 공헌이라고요?

철학자   물론 돈을 버는 것도 중요한 요소지. 지난번에 자네가 조사해온 "화폐는 주조된 자유다"라고 했던 도스토예프스키의 말처럼. 하지만 평생 다 쓰지도 못할 재산을 모은 부자들도 대부분 지금 바쁘게 일하고 있다네. 왜 일하는 걸까? 한없이 탐욕스러워서? 아니야. 타자공헌을 위해, 나아가서는 '여기에 있어도 좋다'는 소속감을 확인받고 싶어서라네. 엄청난 부를 쌓고 자선활동에 매진하는 부자들조차도 자신의 가치를 실감하고, '여기에 있어도 좋다'는 걸 확인하고 싶어서 다양한 활동을 하고 있는 거지.

청 년   음, 그 말씀은 일리가 있습니다. 하지만…….

철학자   하지만?

교환 불가능한 '이런 나'를 있는 그대로 받아들이라는 자기수용. 인간관계에 회의를 품지 말고 무조건 신뢰하라는 타자신뢰. 청년에게 이 두 가지는 나름대로 납득이 되는 이야기였다. 하지만 타자공헌에 관해서는 이해가 잘 되지 않았다. 만약 그 공헌이 '타인을 위한 것'이라면, 그건 고통에 찬 자기희생에 지나지 않는다. 반대로 만약 그 공헌이 '나를 위한 것'이라면, 그건 완벽한 위선이다. 이쯤에서 확실히 짚고 넘어가야 한다. 청년은 의연한 표정으로 말문을 열었다.

젊은 사람은 어른보다 앞서나간다

청 년 일에 타자공헌의 측면이 있다는 점은 인정해요. 하지만 공공연하게 타인에게 공헌한다고 해놓고 결국은 자신을 위해서라는 논리는 아무리 생각해봐도 위선적입니다. 선생님은 이에 대해 어떻게 설명하실는지요?

철학자 다음과 같은 장면을 상상해보게. 어느 가정에서 저녁식사를 마쳤는데, 식탁 위에 그릇이 고대로 놓여 있네. 아이들은 각자 방으로 들어가고, 남편은 소파

에 앉아 TV를 보고 있어. 아내(나)가 뒷정리를 시작
했지. 그런데 가족들은 그것을 당연하게 여기고 도
와주려는 시늉도 하지 않아. 그러면 보통은 "왜 도와
주지 않는 걸까?", "왜 나만 일해야 하는 거지?"라고
불만을 갖게 되지. 그럴 때 그릇을 치우면서 '나는
가족들에게 도움을 주고 있다'고 생각해보라는 걸
세. 설령 가족들로부터 '고맙다'라는 말을 듣지 못하
더라도 말이야. 남이 내게 무엇을 해주느냐가 아
니라, 내가 남을 위해 무엇을 할 수 있는가를 생각
하고 실천해보라는 걸세. 그렇게 공헌하고 있음을
느낀다면 눈앞의 현실은 완전히 다른 색채를 띠게
될 거야. 사실 그 순간 짜증을 내면서 설거지를 해봤
자 본인도 마음이 불편하고 가족들도 선뜻 다가오지
못할 거야. 반대로 콧노래라도 부르면서 즐겁게 설
거지를 하고 있으면 아이들이 팔을 걷어붙일지도 몰
라. 적어도 돕기 쉬운 분위기는 만들어지겠지.

청년　뭐 그런 상황에서는 그렇겠죠.

철학자　그러면 왜 그 순간 공헌하고 있다고 느끼는 걸까? 가
족을 '친구'라고 생각하기 때문일세. 그렇지 않으면
"왜 나만?", "어째서 다들 돕지 않는 거야?"라는 억

우리 인생에도 '길잡이 별'이 필요하네.
그 별은 이 방향으로 쭉 가다 보면 행복이 기다리고 있을 거라는
믿음을 주는 절대적인 이상향이라네.

울함만 생기겠지. 다른 사람을 '적'으로 간주한 채로 하는 공헌은 어쩌면 위선일지 몰라. 그런데 다른 사람이 '친구'라면 어떠한 공헌도 위선이 아니라네. 자네가 자꾸 위선이라고 말하는 것은 아직 공동체 감각을 이해하지 못했기 때문이야.

청 년　으음.

철학자　편의상 지금까지 자기수용, 타자신뢰, 타자공헌이라는 순서로 설명을 했네. 그런데 이 세 가지는 하나라도 빠지면 안 되는, 말하자면 순환구조로 연결되어 있네. 있는 그대로의 나를 받아들인다, 즉 '자기수용'을 한다 → 그러면 배신을 두려워하지 않고 '타자신뢰'를 할 수 있다 → 타인을 무조건 신뢰하고 그 사람들을 내 친구라고 여기게 되면 '타자공헌'을 할 수 있다 → 타인에게 공헌함으로써 '나는 누군가에게 도움이 된다'고 실감하게 되며 있는 그대로의 자신을 받아들일 수 있다, 즉 '자기수용'을 할 수 있다. 그리고 자기수용을 하면…… 자네, 며칠 전에 적은 메모를 가지고 있나?

청 년　아, 아들러 심리학이 제시한 목표에 관한 메모요? 그날 이후로 항상 몸에 지니고 다닙니다. 여기요.

행동의 목표
1. 자립할 것
2. 사회와 조화를 이루며 살아갈 것

위의 행동을 뒷받침하는 심리적 목표
1. 내게는 능력이 있다는 의식을 가질 것
2. 사람들은 내 친구라는 의식을 가질 것

철학자 이 메모를 방금 전에 한 얘기와 연관시켜 생각하면 더 깊이 이해할 수 있을 걸세. 즉 각 ①항의 '자립할 것'과 '내게 능력이 있다는 의식'은 자기수용에 관한 얘기네. 반면 ②항의 '사회와 조화를 이루며 살아갈 것'과 '사람들은 내 친구라는 의식'은 타자신뢰와 타자공헌으로 연결되지.

청 년 ……그렇군요. 인생의 목표는 공동체 감각이라는 말씀이군요. 그런데 이 내용들을 정리하려면 시간이 걸리겠어요.

철학자 아마도 그럴 거야. 아들러도 "인간을 이해하는 일은 쉽지 않다. 개인심리학은 아마도 모든 심리학 중에 배우고 실천하는 것이 가장 힘든 학문일 것이다"라고 말했을 정도니까.

청 년 그럼요! 이론상으로는 납득이 가도 실천하기는 어렵다고요!

철학자 아들러 심리학을 제대로 이해하고 삶을 변화시키려면 '그때까지 살아온 햇수의 절반'이 필요하다는 말도 있네. 즉 마흔 살부터 배우기 시작했다면 20년을 더해서 예순 살이 되어야 하고, 스무 살부터 배우기 시작했다면 10년을 더해서 서른 살이 되어야 한다는 뜻이지. 자네는 아직 젊어. 그만큼 인생의 빠른 시기에 배우고, 빨리 변할 수 있는 가능성이 있다네. 빨리 변할 수 있다는 의미에서 자네는 세상의 어른들보다 앞서고 있네. 자신을 바꾸고 새로운 세계를 만들어나간다는 의미에서 나보다 앞서고 있어. 길을 잃어도 좋고 헤매어도 좋아. 수직관계에 종속되지 말고, 미움받는 것을 두려워 말고, 자유롭게 앞으로 나가게. 만약 모든 어른이 '젊은 사람들이 앞서나가고 있다'는 것을 깨닫게 된다면 세계는 크게 달라질 걸세.

청 년 제가 선생님보다 앞서나간다고요?

철학자 틀림없네. 같은 땅을 걷고 있는데다 나보다 앞서 나가고 있지.

청　년 하핫, 까마득하게 나이 차이가 나는 후배에게 그런 말을 하는 사람은 처음 봤어요!

철학자 나는 아들러의 사상을, 한 명이라도 더 많이, 젊은이들에게 알려주고 싶다네. 동시에 더 많은 어른들에게도 알려주고 싶고. 나이에 상관없이 인간은 변할 수 있으니까 말이야.

일이 전부라는 인생의 거짓말

청　년 알았습니다. 저한테 자기수용과 타자신뢰를 할 '용기'가 없다는 건 솔직히 인정합니다. 그런데 그것이 정말로 '저'만의 문제일까요? 저를 부당하게 몰아붙이고 공격한 타인에게도 문제가 있진 않을까요?

철학자 확실히 세상에는 착한 사람만 있지는 않아. 사람들과 어울리다 보면 불쾌한 경험을 하게 되는 때도 적지 않지. 하지만 이때 착각하면 안 되는 것이, 어떤 경우라도 공격하는 '그 사람'이 문제이지 결코 '모두'가 나쁜 것은 아니란 사실일세. 신경증적인

생활양식을 가진 사람은 걸핏하면 '모두', '늘', '전부'라는 말을 입에 담는다네. "모두 나를 싫어해", "늘 나만 손해를 봐", "전부 틀렸어"라는 식으로. 만약 자네가 이런 성급하게 일반화시키는 말을 입버릇처럼 하고 있다면 주의해야 하네.

청 년   ……무슨 뜻인지 알겠습니다.

철학자   아들러 심리학에서는 이러한 삶의 방식을 '인생의 조화'가 결여된 것으로 본다네.

청 년   인생의 조화요?

철학자   유대교 교리 중에 이런 말이 있네. "열 명의 사람이 있다면 그중 한 사람은 반드시 당신을 비판한다. 당신을 싫어하고, 당신 역시 그를 좋아하지 않는다. 그리고 그 열 명 중 두 사람은 당신과 서로 모든 것을 받아주는 더없는 벗이 된다. 남은 일곱 명은 이도저도 아닌 사람들이다." 이때 나를 싫어하는 한 명에게 주목할 것인가, 아니면 나를 사랑해주는 두 사람에게 집중할 것인가, 혹은 남은 일곱 사람에게 주목할 것인가? 그게 관건이야. 인생의 조화가 결여된 사람은 나를 싫어하는 한 명만 보고 '세계'를 판단하지.

청 년   으음.

철학자 　예를 들어보지. 며칠 전 나는 말 더듬는 사람과 그의 가족이 참여하는 워크숍에 간 적이 있네. 자네 주변에도 말을 더듬는 사람이 있나?

청 년 　아, 중학교 다닐 때에 한 명 있었습니다. 말 더듬는 것 때문에 본인도 가족도 힘들었겠죠.

철학자 　어째서 말 더듬는 게 힘들다는 거지? 아들러 심리학에서는 말을 더듬는 걸로 고민하는 사람들은 '자신의 말투'에만 관심을 기울이기 때문에 열등감과 고통을 느낀다고 보았네. 덕분에 자의식이 과잉되어 점점 더 말을 더듬게 된다고 말이야.

청 년 　자신의 말투에만 관심을 기울인다고요?

철학자 　그래. 말을 좀 더듬는다고 해서 그 사람을 비웃거나 바보 취급을 하는 사람은 극히 일부에 지나지 않아. 방금 전에 한 말에 비유하자면 '열 명 중 한 명' 꼴일 걸? 게다가 그런 태도를 드러내는 어리석은 인간이라면 이쪽에서 관계를 끊어도 상관없지. 그런데 인생의 조화가 결여된 사람은 그 한 사람에게만 주목하고 '모두 나를 비웃고 있어'라고 생각한다네.

청 년 　사람 마음이라는 게 그렇잖아요!

철학자 　나는 정기적으로 독서회를 열고 있는데, 거기 참가

자 중에도 말을 더듬는 사람이 있어. 낭독할 때마다 더듬거리곤 한다네. 하지만 그걸 이유로 비웃는 사람은 단 한 명도 없다네. 조용히, 그저 자연스럽게 다음 문장을 낭독하길 기다리지. 비단 우리 독서회에서만 볼 수 있는 광경은 아닐 거야. 인간관계가 원만하지 못한 것은 말을 더듬어서도 적면공포증에 걸려서도 아니네. 실제로는 자기수용과 타자신뢰, 타자공헌을 하지 못해서 생기는 문제지. 아무래도 좋을 아주 작은 일부분에만 초점을 맞추고 세계 전체를 평가하려고 한다, 이 얼마나 인생의 조화가 결여된 잘못된 생활양식인가.

청 년   선생님, 설마 말 더듬는 사람들한테 그런 야박한 말씀을 하신 겁니까?

철학자   물론이지. 처음에는 거부반응도 있었지만, 3일간의 워크숍이 끝날 무렵에는 모두가 깊이 이해해주었네.

청 년   음, 분명히 그 논의는 흥미롭습니다. 그래도 말을 더듬는 사람은 좀 특수한 예인 것 같아요. 뭔가 다른 사례는 없습니까?

철학자   예를 들면 일중독자(workaholic)? 일에 빠진 사람들도 확실히 인생의 조화가 결여된 사람들이지.

청 년   일중독자요? 어째서요?

철학자   말 더듬는 사람들은 일부만 보고 전체를 판단하지.
이에 비해 일중독자는 인생의 특정한 측면에만 주목
한다네. 아마 그들은 "일하느라 바빠서 가정을 돌볼
여유가 없다"라고 변명할 것이네. 그런데 이는 인생
의 거짓말이지. 일을 구실로 다른 책임을 회피하
려는 것에 불과하거든. 원래는 집안일에도, 아이 양
육에도, 혹은 친구와 교류하는 것이나 취미에도, 전
부 관심을 가져야 하네. 어느 한 가지만 돌출되는 삶
의 방식을 아들러는 인정하지 않네.

청 년   아……. 우리 아버지가 바로 그런 사람이었죠. 일중
독자라 그저 일에만 몰두해 성과 내기에 바빴죠. 게
다가 자신이 벌이를 한다는 이유로 가족을 지배했습
니다. 굉장히 가부장적인 사람이었죠.

철학자   어떤 의미에서 그것은 인생의 과제를 배제한 삶이
지. '일'이란 회사에서 일함을 가리키는 것이 아니
야. 집안일, 아이 양육, 지역사회에 대한 공헌, 취미
등 모든 것이 '일'이라네. 회사 업무는 극히 일부에
지나지 않아. 회사 일에만 몰두하는 것은 인생의 조
화가 결여된 삶을 사는 거라네.

청 년　예, 전적으로 맞는 말씀입니다! 하지만 부양을 받는 가족 입장에서는 아무런 반론도 할 수 없어요. 아버지가 "누구 덕에 밥 먹고 사는지 알아!" 하며 폭력에 가깝게 소리쳐도 반론할 수가 없다고요.

철학자　아마도 그런 사람은 '행위의 차원'에서밖에 자신을 인정하지 못해서 그러는 걸 거야. 나는 이만큼 시간을 들여 일하고 가족을 부양하는 돈을 번다, 사회에서도 인정받고 있다, 따라서 내가 가족 중에 제일 가치가 높다. 하지만 누구나 은퇴의 시기를 맞이하게 된다네. 이를테면 정년퇴직을 하고 연금이나 자식들의 도움을 받아 살아야 하는 때가 오지. 혹은 젊더라도 다치거나 병에 걸려서 일하지 못하게 되는 경우도 생기겠지. 이럴 때 '행위의 차원'에서 자신을 받아들이는 사람들은 치명타를 입게 될 걸세.

청 년　일이 전부라는 생활양식을 가진 사람들이겠군요?

철학자　그래. 인생의 조화가 결여된 사람들이지.

청 년　……그렇게 생각하면, 선생님이 지난번에 말씀하신 '존재의 차원'의 의미를 조금은 알 것 같아요. 분명히 저는 내가 일을 못하게 되어 '행위의 차원'에서 아무것도 하지 못하게 되는 날에 대해 진지하게 생각해본 적이 없습니다.

철학자 　나를 '행위의 차원'에서 받아들일 것인가, 아니면 '존재의 차원'에서 받아들일 것인가. 이는 '행복해질 용기'와 관련된 문제일세.

인간은 지금, 이 순간부터 행복해질 수 있다

청 년 　……행복해질 용기. 그러면 그 '용기'를 내는 방법에 대해 묻겠습니다.

철학자 　그래, 중요한 부분이지.

청 년 　선생님은 "모든 고민은 인간관계에서 비롯된 고민이다"라고 하셨습니다. 뒤집어 말하면 행복 또한 인간관계에 있다고 할 수 있겠죠. 그런데 저는 그 말이 아직도 납득이 되지 않습니다. 인간에게 행복이란 고작 '원만한 인간관계'에 달려 있다는 건가요? 즉 우리의 삶이 그런 하찮은 편안함이나 기쁨을 위해 존재한다는 겁니까?

철학자 　자네가 뭘 문제 삼고 있는지 잘 알았네. 내가 처음 아들러 심리학 강연에 참석했을 때, 강사였던 오스카

크리스텐슨(Oscar C. Christensen)—아들러의 손자뻘 되는 제자라네—이 이렇게 말을 했지. "오늘 내 강연을 들은 사람은 지금 이 순간부터 행복해질 수 있습니다. 하지만 그렇지 않은 사람은 언제까지나 행복해질 수 없습니다!"라고 말이야.

청 년 나 참. 사기꾼이 하는 말 같잖아요! 설마 선생님은 그런 말에 넘어가신 겁니까?

철학자 인간에게 행복이란 무엇일까? 이는 철학이 일관성 있게 계속 추구해온 주제 중 하나라네. 지금까지 나는 심리학이 철학의 한 분야에 불과하다는 이유로 심리학 전반에 관심을 갖지 않았지. 그리고 철학도로서 '행복이란 무엇인가'에 대해 내 나름대로 연구했다네. 크리스텐슨의 말을 들었을 때 나 역시 다소 반감이 들었다는 사실을 고백해야겠군. 그런데 반감이 생기는 동시에 깨달았지. 내가 행복의 정체에 대해 깊이 고민하고 답을 구하려고 애쓴 건 사실이지만, '내가 어떻게 행복해질까?' 하는 것에 대해서는 깊이 생각해본 적이 없다는 것을. 나는 철학도임에도 스스로 행복을 느껴본 적이 없었던 긴지도 모른다고.

청 년 그렇군요. 선생님과 아들러 심리학의 만남은 위화감

292

에서 비롯되었네요?

철학자 그래.

청 년 그러면 묻겠습니다. 선생님은 결국 행복해지셨습니까?

철학자 물론이지.

청 년 어떻게 그리 단언하실 수 있죠?

철학자 인간에게 있어 최대의 불행은 자신을 좋아하지 않는 거라네. 이런 현실에 대해 아들러는 간단하게 대답했지. '나는 공동체에 유익하다', '나는 누군가에게 도움이 된다'는 생각을 통해서만 자신이 가치 있음을 실감한다고.

청 년 방금 말했던 타자공헌이군요?

철학자 그래. 그리고 여기서 중요한 것은, 이런 경우의 타자공헌은 눈에 보이지 않아도 상관없다는 점이지.

청 년 눈에 보이는 공헌이 아니라도 상관없다고요?

철학자 자네의 공헌이 도움이 되는지 아닌지를 판단하는 사람은 자네가 아니라네. 그건 타인의 과제이지 자네가 개입할 수 있는 문제가 아니야. 진짜로 공헌을 했는지 아닌지는 원칙적으로 알 수도 없고. 즉 타인에게 공헌할 때 우리는, 설사 아무도 그것을 알아주지 않아도 '나는 누군가에게 도움이 된다'는 주관적인 감각, 곧 '공헌감'을 가지면 그걸로 족한 걸세.

청 년 잠깐만요! 그렇다면 선생님이 생각하시는 행복이란…….

철학자 이미 자네도 눈치 채지 않았나? 바로 "행복이란 공헌감이다." 이게 행복의 정의라네.

청 년 하, 하지만 그건……!

철학자 문제 있나?

청 년 그, 그런 단순한 정의를 인정할 리가 없지 않습니까! 선생님, 저는 잊지 않았어요! 이전에 말씀하셨던 "행위의 차원에서는 도움이 되지 않는 사람도 존재의 차원에서는 도움이 된다"라고 하신 말씀이요. 그렇다면 모든 인간은 행복하다는 논리잖아요!

철학자 모든 인간은 행복해질 수 있어. 그렇다고 이 말이 '모든 인간은 행복하다'라는 뜻은 아니라네. 그걸 알아야 하네. 행위의 차원에서든 존재의 차원에서든 자신이 누군가에게 도움이 된다고 '느끼는' 것, 즉 공헌감이 필요하지.

청 년 그럼 선생님 말씀에 의하면, 제가 행복하지 않은 것은 공헌감이 없기 때문이라는 뜻이겠네요?

철학자   틀림없이.

청 년   그러면 어떻게 해야 공헌감을 가질 수 있죠? 일하면 되나요? 자원봉사를 할까요?

철학자   전에 내가 인정욕구에 관해 설명했었지. 내가 "인정받기를 원해서는 안 된다"라고 하자 자네는 "인정욕구는 보편적인 욕구다"라고 반박했지.

청 년   네. 솔직히 말씀드려서 지금도 완전히 납득한 것은 아닙니다.

철학자   하지만 이제 인간이 인정받기를 원하는 이유가 명확해졌네. 인간은 자신을 좋아하고 싶다, 자신이 가치 있음을 느끼고 싶다, 그러기 위해서는 '나는 누군가에게 도움이 된다'는 공헌감을 원한다. 그리고 공헌감을 얻는 가장 손쉬운 방법으로 남들로부터 인정받는 것을 원하는 거지.

청 년   인정욕구가 공헌감을 얻기 위한 수단이라고요?

철학자   틀렸나?

청 년   아니아니, 지금까지 하신 말씀과 모순이 되잖아요. 타인으로부터 인정받는 것이 공헌감을 얻기 위한 수단이라면서요? 선생님은 "행복이란 공헌감이다"라고 말씀하셨어요. 그렇다면 인정욕구를 충족시키는 것이야말로 행복으로 직결된다는 뜻이 아닙니까. 하하, 선생님은 이제 와서 인정욕구의 필요성을 인정하시는군요!

철학자 자네는 중요한 문제를 잊고 있어. 공헌감을 얻기 위한 수단이 '남들로부터 인정받는 것'이라면 결국 남이 의도한 대로 인생을 살 수밖에 없어. 인정욕구를 통해 얻은 공헌감에는 자유가 없지. 우리는 자유를 선택하면서 더불어 행복을 추구하는 존재라네.

청 년 행복은 자유를 전제로 한다는 뜻인가요?

철학자 그렇지. 제도로서의 자유는 국가와 시대, 문화에 따라 달라지지. 하지만 인간관계에서의 자유란 보편적인 것이라네.

청 년 어쨌든 선생님은 인정욕구를 수긍하지 않는다는 거죠?

철학자 만약 진정으로 공헌감을 갖는다면 뭐 하러 남들에게 인정받으려고 하겠나. 일부러 인정받지 않아도 '나는 누군가에게 도움이 된다'고 실감할 수 있는데 말이야. 즉 인정욕구에 연연하는 사람은 아직도 공동체 감각을 갖지 못하고, 자기수용과 타자신뢰, 타자공헌을 하지 못한 거라네.

청 년   공동체 감각만 있으면 인정욕구가 사라진다는 말씀
입니까?

철학자   사라지네. 타인의 인정 같은 건 필요 없으니까.

철학자의 주장을 정리하면 다음과 같다. 인간은 '내가 누
군가에게 도움이 된다'고 느낄 때에만 자신의 가치를 실감
할 수 있다. 단 그때의 공헌은 눈에 보이는 형태가 아니어도
상관없다. 누군가에게 도움이 된다는 주관적인 감각, 즉 '공
헌감'만 있으면 그걸로 충분하다. 그리고 철학자는 이렇게
결론지었다. 즉 행복이란 '공헌감'이라고. 분명 그 말은 일
리가 있다. 하지만 그딴 것이 행복이라고? 내가 바라는 행복
은 그런 것이 아니란 말이다!

'특별한 존재'가 되고픈 사람 앞에 놓인 두 갈래 길

청 년   하지만 선생님, 아직 제 질문에 답하지 않으셨습니
다. 말씀대로 저는 '타자공헌'이란 것을 통해 저 자
신을 좋아하게 될지도 모릅니다. 나는 가치 있는 존

재다, 나는 무가치한 존재가 아니다, 라고 생각할지
도 모릅니다. 하지만 그것만으로 인간이 행복해질
수 있을까요? 이 세상에 태어난 이상 후세에 이름을
남길 큰 업적을 달성하거나, 내가 '다른 누구도 아닌
나'라는 걸 증명해야 진정한 행복을 얻을 수 있는 건
아닌지요. 선생님은 무슨 일이든 인간관계라는 틀
속에 집어넣고 해석하시면서, 정작 자아실현에서 오
는 행복에 관해서는 아무 설명도 하지 않으셨습니
다! 제가 볼 때 그것은 책임 회피입니다!

철학자 그렇겠군. 잘 몰라서 그러는데, 자네가 생각하는 자
아실현에서 오는 행복이란 구체적으로 어떤 것인
가?

청 년 그야 사람마다 다르겠죠. 사회적 성공을 갈망하는
사람도 있을 테고, 보다 개인적인 목표, 예를 들면 난
치병을 고치는 특효약을 개발하려는 연구자도 있을
테고, 만족스러운 작품을 남기고픈 예술가도 있을
테죠.

철학자 자네는 어떤가?

청 년 저는 아직 제가 무엇을 바라는지, 앞으로 무엇을 하
고 싶은지 잘 모르겠습니다. 그래도 뭔가 해야 한다

는 것쯤은 잘 알고 있습니다. 언제까지나 대학도서
관에서 허드렛일만 할 수는 없잖아요. 평생을 바칠
꿈을 찾아서 자아실현을 해야 진실로 행복을 실감할
테죠. 저희 아버지는 일하는 데만 전념하셨는데, 그
것이 아버지에게는 행복한 일이었는지 저로서는 잘
모르겠어요. 적어도 제 눈에는 일에 쫓기는 아버지
가 행복해 보이진 않았습니다. 저는 그런 삶을 살고
싶진 않아요.

철학자 알겠네. 이에 관해서는 문제 행동을 하는 아이를 예
로 들어보면 이해하기가 쉬울 것 같군.

청 년 문제 행동이요?

철학자 그래. 우선 우리 인간은 '우월성 추구'라는 보편적인
욕구를 가지고 있네. 전에 말한 적이 있을 텐데?

청 년 네. 쉽게 말해 '향상되길 바라는 마음', '이상적인 상
태를 추구하는 마음'을 뜻하죠.

철학자 많은 아이가 첫 단계부터 '특별히 잘한다'네. 구체적
으로 부모의 지시를 잘 따르고, 사회성 있게 행동하
고, 공부와 운동을 열심히 하고, 학원도 부지런히 다
니지. 그렇게 해서 부모에게 인정을 받으려고 말이
야. 그런데 특별히 잘하는 것이 없는 경우―예를 들

면 공부나 운동을 잘 못하는 경우—에는 태도를 180
도 바꿔서 '특별히 못되게 군다' 네.

청 년 어째서요?

철학자 특별히 잘하는 것도, 특별히 못되게 구는 것도 목적
은 같아. 남들로부터 주목받고 '평범한' 상태에서 탈
피해 '특별한 존재'가 되는 것. 그것이 목적이네.

청 년 음, 좋습니다. 계속 말씀하세요.

철학자 원래 공부든 운동이든 어느 정도 결과를 내려면 일
정한 노력이 필요하네. 그런데 "특별히 못되게 굴어
야지" 하고 결심한 아이, 즉 문제 행동을 하는 아이
는 그러한 건전한 노력은 외면한 채 주목만 받으려
고 하지. 아들러 심리학에서는 그를 일컬어 '안이한
우월성 추구'라고 하네. 예를 들어 수업 중에 지우개
를 던지거나 큰 소리를 내서 수업을 방해하는 문제
아들이 있지. 그러면 분명 반 친구들이나 교사들이
주목할 거야. 그런 자리에서라면 잠시나마 특별한
존재가 되겠지. 하지만 그건 '안이한 우월성 추구'이
자 불건전한 태도일세.

청 년 즉 비행을 저지르는 아이들도 '안이한 우월성 추구'
를 하는 거라고요?

철학자   그렇다네. 모든 문제 행동, 예를 들어 등교 거부나 자해, 미성년자의 음주나 흡연 등도 전부 '안이한 우월성 추구'에 해당되네. 첫째 날 자네가 말했던, 은둔형 외톨이인 친구도 마찬가지일세. 아이가 문제 행동을 저질렀을 때 부모나 주변 어른들은 야단을 치지. 야단맞는 것은 아이에게 스트레스야. 그런데 설령 야단을 맞더라도 아이는 부모가 주목해주길 바라네. 어떤 식이라도 좋으니 '특별한 존재'이고 싶은 거지. 아무리 야단을 쳐도 아이가 문제 행동을 그만두지 않는 것은 어떤 의미에서는 당연해.

청 년   야단을 치니까 문제 행동을 그만두지 않는다?

철학자   그거야. 부모나 어른들은 야단을 치는 행위를 통해서 주목하고 있으니까.

청 년   음, 하지만 지난번에 선생님은 문제 행동에 대해 그 목적은 '부모에 대한 복수'라고 설명하셨잖아요? 그것과 관계있습니까?

철학자   그래. '복수'와 '안이한 우월성 추구'는 쉽게 연결된다네. 상대를 난처하게 하면서 동시에 '특별'한 존재가 되고 싶은 심리 상태니까.

청　년　하지만 말이죠, 모든 인간이 '특별히 잘하는' 상태가 되는 것은 불가능하잖아요? 인간에게는 아무리 노력해도 안 되는 것이 있고, 사람에 따라 기량에도 차이가 있습니다. 이 세상에 천재는 극히 적어요. 누구나 우등생이 될 수는 없다고요. 그렇다면 패자는 전부 '특별히 못되게 굴 수밖에' 없죠.

철학자　그래, "누구 하나 악을 원하는 자는 없다"라는 소크라테스의 역설이 딱 맞는 경우지. 문제 행동을 하는 아이들에게는 폭행이나 도둑질조차 '선(善)'을 수행하는 셈이니까.

청　년　비약이 심하시네요! 그건 빠져나올 수 없는 논리 아닙니까!

철학자　이럴 때 아들러 심리학이 중요하게 내세우는 것이 '평범해질 용기'일세.

청　년　평범해질 용기라…….

철학자　왜 '특별'해지려고 하는 걸까? 그건 '평범한 자신'을 받아들이지 못하기 때문이지. 그러니까 '특별히 잘하는' 상태가 실패로 돌아가면 극단적으로 '특별히 못되게 구는' 상태로 빠르게 넘어가는 걸세. 그런데 보통인 것, 평범한 것은 정말로 좋지 않은 걸까? 어딘가 열등하다는 뜻인가? 실은 누구나 평범하지 않나? 그 점을 깊이 생각해볼 필요가 있네.

청 년 ……선생님은 저더러 '평범'해지라는 건가요?

철학자 자기수용은 그를 위한 중요한 첫걸음일세. 만약 자네가 '평범해질 용기'를 낼 수 있다면 세계를 바라보는 방식도 달라질 거야.

청 년 그, 그렇지만…….

철학자 평범함을 거부하는 것은, 아마도 자네가 '평범해지는 것'을 '무능해지는 것'과 같다고 착각해서겠지. 평범한 것은 무능한 것이 아니라네. 일부러 자신의 우월성을 과시할 필요가 없는 것뿐이야.

청 년 네, '특별해지려는 것'의 위험성은 인정합니다. 하지만 굳이 '평범해지는 것'을 택할 필요가 있습니까? 제가 평범하기 짝이 없는 인생을 살고, 어떠한 기록에도 남지 않고, 누군가의 기억에도 남지 않는 무익한 인생을 보냈다고 해서 나는 그 정도 인간이구나 하고 만족해야 한다는 겁니까? 농담하지 마세요. 그런 인생이라면 차라리 포기하겠습니다!

철학자 무슨 일이 있어도 '특별' 해지겠다는 거로군?

청 년 그게 아닙니다! 아시겠어요? 선생님이 말씀하신 '평범함'을 받아들이는 것은 나태한 나를 그렇다고 인정하는 꼴이잖아요! 어차피 나는 여기까지다, 이것으로 충분하다, 라고요. 저는 그런 나태한 삶을 부정하는 겁니다! 예를 들어 나폴레옹이나, 알렉산드로스 대왕, 아인슈타인, 마틴 루터 킹, 그리고 선생님이 사랑해 마지않는 소크라테스와 플라톤은 '평범함'을 받아들였다고 생각하세요? 천만에요! 뭔가 원대한 이상이나 목표를 일평생 가슴에 품고 살았을 겁니다! 선생님의 논리대로라면 나폴레옹 같은 영웅은 한 사람도 탄생하지 못했을 거예요. 선생님은 천재를 말살시킬 작정이시라고요!

철학자 즉 인생에는 고매한 목표가 필요하다, 이 말이군?

청 년 당연하죠!

평범해질 용기. 이 얼마나 두려운 말인가. 아들러는, 그리고 이 철학자는 내게 그런 길을 선택하라는 건가? 아무런 변화도 없이, 그저 수많은 사람 중의 한 명으로 살아가란 말인가? 물론 나는 천재가 아니다. '보통 사람'으로 사는 것을 선택해야 할지도 모른다. 평범하기 짝이 없는 나를 받아들이고, 평범하기 짝이 없는 일상에 몸을 맡겨야 할지도 모른다. 하지만 나는 싸우련다. 결과가 어찌되든, 마지막까지 이 사람한테 반기를 들겠다. 틀림없이, 지금 우리의 논의는 핵심에 다가가고 있다. 청년의 심장박동은 빨라지고, 꽉 쥔 손에는 계절에 어울리지 않게 땀이 흥건했다.

인생이란 찰나의 연속이다

철학자 알았네. 자네가 말한 고매한 목표란 마치 정상을 향해 산을 오르는 거라고 보면 되겠나?

청 년 네, 그래요. 사람이라면, 저라면, 산 정상을 목표로 합니다!

철학자 그런데 만일 인생이 정상에 도달하기 위한 등산이라고 한다면, 인생의 대부분을 '길 위(途上)'에서 보내게 되네. 즉 산 정상에 오르는 순간부터 '진짜 인생'이 시작되고, 거기에 이르기까지의 노정은 '가짜인 나'가 지나온 '가짜 인생'이 되는 거라네.

청 년 그렇게 말할 수도 있겠죠. 저는 지금 분명 길 위에 있고요.

철학자 그러면, 가령 자네가 산 정상에 오르지 못한다면 자네의 삶은 어떻게 되는 건가? 사고나 병이 나서 오르지 못할 수도 있고, 등산 자체가 실패로 끝날 가능성도 있지 않나? '길 위'에 있는 채로, '가짜인 나'인 채로, 그리고 '가짜 인생'인 채로 인생이 중단되는 거지. 그러면 그 삶은 도대체 뭐란 말인가?

청 년 그, 그건 자업자득이죠! 제게 능력이 없어서일 수도 있고, 산을 오를 만한 체력이 없어서일 수도 있고, 운이 나빠서일 수도 있고, 실력이 부족해서일 수도 있겠죠! 저는 그런 현실을 받아들일 각오가 되어 있습니다!

철학자 아들러 심리학의 입장은 다르다네. 인생을 등산에 비유하는 사람은 자신의 삶을 '선(線)'으로 파악하지. 이 세상에 태어난 순간부터 시작된 선이 크고 작은 굴곡을 그리면서 정점에 다다르다 그대로 죽음이라는 종착역을 맞이한다고. 하지만 인생을 이렇게 하나의 이야기로 보는 것은 프로이트의 원인론에 입각한 발상이자 인생의 대부분을 '길 위'에서 보낸다는 사고방식일세.

청　년　그러면 인생이 어떤 모습이라는 겁니까?

철학자　선으로 되어 있는 것이 아니라, 점이 연속되는 것이
　　　라고 생각하게. 분필로 그어진 실선을 확대경으로
　　　보면, 선이라고 여겨진 것이 실은 연속된 작은 점이
　　　라는 것을 알게 되지. 선처럼 보이는 삶은 점의 연속,
　　　다시 말해 인생이란 찰나(순간)의 연속이라네.

청　년　찰나의 연속이라고요?

철학자　그래. '지금'이라는 찰나의 연속이지. 우리는 '지금,
　　　여기'를 살아갈 수밖에 없어. 우리의 삶이란 찰나
　　　안에서만 존재한다네. 이걸 알지 못하는 어른들은
　　　청년들에게 '선'의 인생을 강요하지. 좋은 대학, 대
　　　기업, 안정된 가정 등 이런 선로를 따라가는 것이 행
　　　복한 인생이라면서. 그래도 인생은 선이 아니라네.

청　년　인생 설계도, 커리어 설계 등도 필요 없다고요?

철학자　만약 인생이 선이라면 인생을 설계하는 것도 가능하
　　　겠지. 그런데 우리 인생은 점의 연속이라네. 계획적
　　　인 인생이란 그것이 필요한지 아닌지를 따지기 이전
　　　에 불가능한 일일세.

청　년　에이, 말도 안 돼! 그런 엉터리가 어디 있어요!

춤을 추듯 살라

철학자   뭐가 문제인 거지?

청 년   선생님의 지론은 계획성 있는 인생을 부정할 뿐 아니라 노력까지도 부정하고 있어요! 예를 들면 어린 시절부터 바이올리니스트를 꿈꾸고 맹연습해 마침내 동경하던 악단에 들어가 활약하는 인생이요. 아니면 열심히 공부한 끝에 사법고시에 합격해 변호사가 된 인생이라든지. 모두 목표와 계획 없이는 있을 수 없는 인생이라고요!

철학자   즉 그 사람들은 산 정상을 목표로 묵묵히 전진했다는 말인가?

청 년   물론이지요!

철학자   과연 그럴까? 그 사람들은 '지금, 여기'를 충실히 살았던 건 아닐까? 즉 길 위에 있는 인생이 아니라 항상 '지금, 여기'를 살았던 거지. 이를테면 바이올리니스트를 꿈꾼 사람은 늘, 당장 연습해야 할 악보를 보면서 한 곡, 한 소절, 한 음에만 집중했을지 모르지.

청 년   그렇게 해서 목표에 도달할 수 있을까요?

철학자   이렇게 생각해보게. 인생이란 지금 이 찰나를 뱅글 뱅글 춤추듯이 사는, 찰나의 연속이라고. 그러다 문득 주위를 돌아봤을 때 "여기까지 왔다니!" 하고 깨닫게 될 걸세. 바이올린이라는 춤을 춘 사람 중에는 그대로 전문 연주자가 된 사람이 있을 거야. 사법고시라는 춤을 춘 사람 중에는 그대로 변호사가 된 사람이 있을 테고. 집필이라는 춤을 추고 작가가 된 사람도 있을지 모르지. 어쨌든 저마다 다른 장소에 다다를 거야. 단 그렇다고 해서 그 누구의 삶도 '길 위'에서 끝났다고 볼 수는 없어. 춤을 추고 있는 '지금, 여기'에 충실하면 그걸로 충분하니까.

청 년 지금을 즐기면 그걸로 충분하다?

철학자 그래. 춤을 출 때는 춤추는 것 자체가 목적이고, 춤을 추면서 어디론가 가야겠다고는 생각하지 않지. 그래도 춤춘 결과 어딘가에 도달은 하겠지. 춤추는 동안 그 자리에 머물러 있지는 않을 테니까. 하지만 목적지는 존재하지 않아.

청 년 목적지가 존재하지 않는 인생이 어디 있단 말입니까! 그런 흔들리는 바람에 내맡기듯 살아가는 인생을 누가 인정해줍니까!

철학자 자네가 말하는 목적지에 도달하려는 인생은 '키네시스(kinesis)적 인생'[5]이라고 할 수 있네. 그에 반해 내가 말하는 춤을 추는 인생은 '에네르게이아(energeia)적 인생'[6]이라고 할 수 있을 걸세.

청년   키네시스와 에네르게이아요?

철학자 아리스토텔레스의 설명을 인용해보겠네. 일반적인 운동—이를 키네시스라고 하네—에는 시점(始點)과 종점(終點)이 있네. 그 시점에서부터 종점까지 이르는 운동은 가능한 효율적이고 신속하게 달성되는 것이 바람직하지. 급행열차를 탈 수 있다면 일부러 역마다 정차하는 보통열차를 탈 필요가 없는 것처럼.

청년   단적으로 말하면, 변호사가 된다는 목적지가 있다면 되도록 빨리, 되도록 효율적으로 거기에 도달하는 편이 낫다?

철학자 그래. 그리고 목적지에 도착할 때까지 그 여정은 불완전하지. 목적지에 도착하지 못했다는 의미에서 말이야. 그것이 키네시스적 인생일세.

---

5 키네시스란 아리스토텔레스의 '목적론적 운동'을 말한다. 어떠한 가능성이 있는 사물(뒤나미스, 잠재태)이 목적을 완전히 실현한 상태(엔텔레케이아, 완전현실태)로 나아가는 과정으로, 정해진 목적을 향해 가는 운동이다.

6 에네르게이아란 현실태(現實態)라고 하여 키네시스 중 목적의 완성보다는 '실현해가는 활동'에 초점을 맞춘다. 다시 말해 실현이 되어가고 있는 상태, '과정의 상태'에 있음을 뜻한다. 실행되고 있는 동시에 존재하고 있는 것으로, 그 자체로 완전한 가치를 가진다.

청 년   아직 가는 중이라는 거군요?

철학자   그렇지. 반면 에네르게이아란 '지금 하고 있는' 것이
        그대로 '이루어진' 상태가 된 운동을 가리키네.

청 년   하고 있는 것이 이루어졌다고요?

철학자   달리 말하면, '과정 자체를 결과로 보는 운동'이라고
        할까. 춤을 추는 것이나 여행처럼 말이야.

청 년   아, 혼란스럽네요. ……여행은 대체 왜죠?

철학자   여행을 하는 목적이 뭐지? 예를 들어 자네가 이집트
        로 여행을 갔네. 그때 자네는 되도록 효율적으로, 되
        도록 빨리 쿠푸 왕의 거대 피라미드(Great Pyramid of
        Khufu)[7]에 도착했다가 그대로 최단거리로 돌아올 텐
        가? 그런 건 여행이라 부를 수 없지. 집에서 나온 순
        간, 그 자체가 이미 '여행'이네. 목적지를 향하는 과
        정을 포함하여 모든 순간이 '여행'이야. 물론 어떤
        사정이 생겨 피라미드에 도착하지 못한다고 해도
        '여행을 하지 않은 것'은 아니네. 그것이 에네르게이
        아적 인생이야.

청 년   음. 잘 이해가 안 됩니다. 방금 전에 산 정상을 목표

---

7 기원전 2560년경에 지어진 거대한 피라미드로, 기원전 2589~2566년경에 재위한 이집
트의 파라오 쿠푸의 무덤이다. 이집트 전 지역에 현존하는 70여 개의 피라미드 가운데
가장 규모가 크며, 세계 7대 불가사의 중 하나로 꼽힌다.

로 하는 가치관을 부정하셨잖아요? 그 에네르게이

아적 인생을 등산에 비유하면 어떤가요?

철학자 등산의 목적이 '정상에 오르는 것'에 있다면 그것은 키네시스적 행위라고 할 수 있지. 극단적으로 말하자면 헬리콥터를 타고 정상에 올랐다가 5분가량 머무르고 다시 헬리콥터를 타고 내려와도 상관없지. 물론 산 정상에 오르지 못한 경우 그 등산은 실패고. 하지만 목적이 산 정상이 아니라 등산하는 그 자체라면 에네르게이아적 행위라고 할 수 있지. 산 정상에 올랐는지는 관계없다네.

청 년 그런 주장은, 참 말이 안 나오네요! 선생님은 완전히 자기모순에 빠져 있어요. 세간에 망신당하기 전에 제가 그 뻔뻔한 가면을 벗겨드리죠!

철학자 허, 그거 고맙군.

'지금, 여기'에 강렬한 스포트라이트를 비추라

청 년 선생님은 원인론을 부정하면서 과거를 바라보는 것을 부정하셨어요. 아시겠어요? 과거 따윈 존재하지 않는다, 과거에 의미는 없다고 말이지요. 그 점은 인정합니다. 확실히 과거는 변하지 않아요. 변할 수 있는 건 미래밖에 없겠죠. 하지만 지금 에네르게이아적인 삶의 방식을 설명하시면서 계획성을 부정하고, 결국엔 나의 의지로 미래를 바꾸는 것조차 부정하고 있습니다. 선생님은 되돌아보는 것을 부정하면서 앞을 내다보는 것까지 부정하고 있어요. 그건 마치 길도 없는 곳을 눈을 가린 채 걸으라고 등을 떠미는 것과도 같다고요!

철학자 뒤도 앞도 보이지 않는다고?

청 년 보이지 않아요!

철학자 당연한 것 아닌가. 대체 뭐가 문제라는 거지?

청 년 무슨 말씀입니까?

철학자 자네가 극장 무대에 서 있는 모습을 상상해보게. 그때 극장 전체에 불이 켜져 있으면 객석 구석구석까지 잘 보일 거야. 하지만 자네에게 강렬한 스포트라이트를 비추면 바로 앞줄조차 보이지 않게 돼. 우리 인생도 마찬가지라네. 인생 전체에 흐릿한 빛을 비추면 과거와 미래가 보이겠지. 아니, 보이는 것 같은 기분이 들겠지. 하지만 '지금, 여기'에 강렬한 스포트라이트를 비추면 과거도 미래도 보이지 않게 되네.

청년 강렬한 스포트라이트요?

철학자 그래. 우리는 좀 더 '지금, 여기'를 진지하게 살아야 하네. 과거가 보이는 것 같고, 미래가 예측되는 듯한 기분이 드는 것은 자네가 '지금, 여기'를 진지하게 살지 않고 희미한 빛 속에서 살고 있다는 증거일세. 인생은 찰나의 연속이며, 과거도 미래도 존재하지 않아. 자네는 과거와 미래를 봄으로써 스스로에게 면죄부를 주려하고 있네. 과거에 어떤 일이 있었든 지 간에 자네의 '지금, 여기'와는 아무런 상관도 없고, 미래가 어떻게 되든 간에 '지금, 여기'에서 생각할 문제는 아니지. '지금, 여기'를 진지하게 살고 있다면 그런 말은 나오지 않을 걸세.

청년 하, 하지만…….

철학자 프로이트의 원인론에 서게 되면 인생을 원인과 결과로 구성된 하나의 큰 이야기로 보게 된다네. 언제 어디에서 태어나서, 어떤 어린 시절을 보내고, 어떤 학교를 나와서 어떤 회사에 들어갔는가. 그래서 지금의 내가 있고, 미래의 내가 있다고 하는 식으로 말이야. 확실히 인생을 이야기에 비유하면 재미있고 이해하기도 쉽지. 그래봤자 그 이야기 끝에는 '흐릿한 미래'가 보일 뿐이야. 그럼에도 그 이야기에 따라 살려고 하지. 내 인생은 이러니까 이대로 살 수밖에 없다, 나쁜 것은 내가 아니라 과거인 환경이다. 이렇게 과거를 들먹이며 탓하는 것은 자신의 인생에 면죄부를 주는 걸세. 인생의 거짓말과 다름없지. 하지만 인생이란 점의 연속이며, 찰나의 연속이다. 그것을 이해한다면 더는 이야기가 필요하지 않을 걸세.

청 년 그런 식이라면 아들러가 말한 생활양식도 같은 이야기가 아닙니까!

철학자 생활양식은 '지금, 여기'에 관한 이야기이며, 자신의 의지로 바꿀 수 있다네. 직선처럼 보이는 과거의 삶은, 자네가 '바꿀 수 없다'는 결심을 반복한 결과로 그렇게 보이는 것에 불과하지. 그리고 앞으로 펼쳐질 인생은 완전히 백지 상태에 놓여 있네. 쭉 뻗은 레일이 깔려 있는 것이 아니라. 거기에 이야기는 없어.

청 년 하지만 그건 찰나주의(순간주의), 아니 보다 더 나쁜 향락주의일 뿐입니다!

철학자 그렇지 않아. '지금, 여기'에 스포트라이트를 비춘다

는 것은, 지금 할 수 있는 것을 진지하고 빈틈없이 해
나가는 것을 뜻한다네.

인생 최대의 거짓말

청 년 진지하고 빈틈없이 살아간다?

철학자 예를 들어 대학에 들어가고는 싶은데 공부를 하지
않고 있다면, 그건 '지금, 여기'를 진지하게 사는 태
도가 아닐세. 물론 대학 입시는 먼 미래의 일일지도
몰라. 무엇을 얼마나 공부하면 좋을지도 모르겠고
귀찮기도 하지. 하지만 매일 조금이라도 좋으니까
수식을 풀고 단어를 외운다, 즉 춤을 추는 거지. 그
러면 반드시 '오늘 해낸 일'이 있을 거야. 오늘이라
는 하루는 그러기 위해 존재하는 거네. 절대 먼 장래
에 있을 대학 입시를 위해서가 아니라. 자네 아버지
도 날마다 일이라고 하는 춤을 진지하게 춰왔을 걸
세. 큰 목표가 있다거나 그 목표를 달성했다거나 하
는 것과는 상관없이 '지금, 여기'를 진지하게 산 거
지. 그렇다면 아버지의 삶은 행복했을 걸세.

청 년 제게 그런 삶을 인정하라고요? 일에 쫓기기만 했던 아버지의 모습을 인정하라고……?

철학자 억지로 인정할 필요는 없네. 단지 어디에 도달했는가만 보지 말고, 어떻게 살았는지 그 찰나를 보라는 걸세.

청 년 ……찰나를.

철학자 그건 자네의 인생에 있어서도 마찬가지라네. 먼 장래에 이룰 목표를 설정하고 지금은 그 준비 기간이라고 생각한다, '솔직히 이걸 하고 싶은데 아직 때가 아니니 그때가 되면 하자'라고 생각한다. 이런 건 인생을 뒤로 미루는 삶의 방식이네. 인생을 뒤로 미루는 한 우리는 어디에도 가지 못하고 단색으로 칠해진(monochrome) 따분한 나날만 보내게 될 걸세. '지금, 여기'는 준비 기간이고 참는 시기라고 여기고 있으니까. 그런데 먼 장래에 있을 대학 입시를 위해 공부하는 '지금, 여기'도 이미 내 삶의 일부라네.

청 년 네네, 인정합니다! '지금, 여기'를 진지하게 살고, 있지도 않은 선을 만들지 말 것. 분명 옳은 말입니다! 하지만 선생님, 저는 꿈도 목표도 찾지 못했습니다. 도대체 어떤 춤을 추어야 할지 모르겠다고요. 나의

'지금, 여기'에는 전적으로 무익한 찰나밖에 존재하지 않습니다!

철학자 목표 같은 건 없어도 괜찮네. '지금, 여기'를 진지하게 사는 것, 그 자체가 춤일세. 심각해질 필요 없어. 진지하게 사는 것과 심각한 것을 착각하지 말게.

청 년 진지하게 살되 심각해지면 안 된다?

철학자 그래. 인생은 언제나 단순하지. 심각한 게 아니라네. 각각의 찰나를 진지하게 살면 심각해질 필요가 없지. 그리고 한 가지 더 기억해두게. 에네르게이아적 관점에서 보면 인생은 언제나 완결되어 있다는 것을.

청 년 완결되어 있다고요?

철학자 설사 자네나 내가 '지금, 여기'에서 생을 마친다고 해도 불행하다고 할 것까진 없네. 스무 살에 마친 삶도 아흔 살에 마친 삶도 모두 완결된 삶이며 행복한 삶이니까.

청 년 만약 제가 '지금, 여기'를 진지하게 살았다면 그 찰나는 늘 완결된 것이라는 말씀인가요?

철학자 바로 그거지. 나는 지금까지 인생의 거짓말이라는 말을 여러 번 했네. 이제 마지막으로 인생에 있어서 최대의 거짓말이 뭔지 말해주지.

청 년 아무쪼록 알려주십쇼.

철학자 인생 최대의 거짓말, 그것은 '지금, 여기'를 살지 않는 것이라네. 과거를 보고, 미래를 보고, 인생 전체에 흐릿한 빛을 비추면서 뭔가를 본 것 같은 착각에 빠져 있는 거지. 자네는 지금까지 '지금, 여기'를 외면하고 있지도 않은 과거와 미래에만 빛을 비춰왔어. 자신의 인생에 더없이 소중한 찰나에 엄청난 거짓말을 했던 거야.

청 년 ……아!

철학자 자, 이제 인생의 거짓말에서 빠져나오게. 그리고 두려워 말고 '지금, 여기'에 강렬한 스포트라이트를 비추게. 자네에게는 그럴 힘이 있어.

청 년 제게, 제게 그럴 힘이 있다고요? 인생의 거짓말에 기대지 않고 이 찰나를 진지하게 살아갈 '용기'가, 이런 제게도 있다고 생각하십니까?

철학자 과거도 미래도 존재하지 않으니까 지금에 대해 얘기하세나. 결정하는 것은 과거도 미래도 아니라네. '지금, 여기'지.

무의미한 인생에 '의미'를 부여하라

청 년   ……좀 알 것 같기도 하네요.

철학자   이제 논의는 물가에 도달했네. 물을 마시느냐 마느
        냐 하는 것은 자네에게 달려 있어.

청 년   아, 아들러 심리학과 선생님의 철학은 분명 저를 달
        라지게 만들 거예요. 저는 '변하지 않겠다'는 결심을
        포기하고 새로운 삶의 방식, 새로운 생활양식을 선
        택할지도 모르겠어요. ……그래도, 그래도 마지막으
        로 한 가지만 더 묻겠습니다!

철학자   뭔가?

청 년   인생이 찰나의 연속이라고 할 때, 인생이 '지금, 여
        기'에만 존재한다고 할 때, 대체 인생의 의미는 무엇
        입니까? 저는 무엇을 위해 태어나서 이런 고통으로
        가득한 삶을 견디며 죽음을 맞이하게 되는 걸까요?
        그 이유를 저는 모르겠습니다.

철학자   인생의 의미란 무엇인가, 인간은 무엇을 위해 사는
        가? 어떤 사람이 이런 질문을 던졌을 때 아들러는
        "일반적으로 인생의 의미란 없다"라고 답했네.

청 년   인생의 의미란 없다고요?

철학자 예를 들어 전화(戰禍, 전쟁으로 입은 재앙과 피해)나 천
재지변처럼 우리가 사는 세계에는 이해하기 힘든 일
들이 연속해서 일어나네. 전와(戰渦, 전쟁으로 야기된
혼란)에 휘말려서 목숨을 잃은 아이들을 앞에 두고
'인생의 의미' 같은 걸 말할 수 있을까? 그런 뜻에서
인생에 일반론으로 설명할 수 있는 의미는 존재하
지 않는다네. 하지만 그와 같은 부조리한[8] 비극을 앞
에 두고서 어떠한 행동도 하지 않는 것은, 이미 일어
난 비극을 긍정하는 것과 마찬가지. 어떤 상황이
든 우리는 무엇인가 행동을 취해야 하네. 칸트가 말
한 경향성을 직시해야만 해.

청 년 그렇죠!

철학자 그런 뜻에서, 가령 엄청난 천재지변을 당했을 때 원
인론에 입각해서 "왜 이런 일이 일어난 걸까?"라고
과거를 돌아보며 따져봤자 무슨 의미가 있겠나? 우
리는 곤경에 처했을 때야말로 앞을 보며 "이제부터
무엇을 할 수 있을까?"를 생각해야 하네.

청 년 그렇습니다!

철학자 그래서 아들러는 "일반적으로 인생의 의미란 없다"

---

8 철학적인 의미에서 '부조리'란 인생에서 그 의의를 발견할 가망이 없음을 뜻한다.

라고 답하고는, 이어서 "인생의 의미는 내가 나 자신에게 주는 것이다"라고 말했다네.

청 년 나 자신에게 준다고요? 어떤 의미죠?

철학자 우리 할아버지는 전쟁 중에 포탄을 맞고 얼굴에 큰 상처를 입으셨다네. 정말로 부당하고 억울한 일이었지. 따라서 그때 "세계는 가혹하다", "사람들은 나의 적이다"라는 생활양식을 선택하는 것도 무리는 아니었네. 그런데 통원치료를 받던 할아버지가 전차를 탈 때마다 다른 승객이 자리를 양보해주었다고 하더군. 나는 어머니를 통해 이 얘기를 들어서 실제로 할아버지가 어떻게 생각했는지는 모르겠어. 그래도 나는 믿네. 할아버지는 "사람들은 친구고, 세계는 멋진 곳이다"라는 생활양식을 선택했다고 말일세. "인생의 의미는 내가 나 자신에게 주는 것이다"라는 아들러의 말은 결국 이런 뜻이지. 인생에 있어 의미 같은 건 없다, 하지만 내가 그 인생에 의미를 줄 수 있다, 내 인생에 의미를 줄 수 있는 사람은 다른 누구도 아닌 나밖에 없다.

청 년 ……그러면 가르쳐주세요! 어떻게 해야 무의미한 제 인생에 그에 걸맞은 의미를 불어넣을 수 있을까요?

저는 아직도 자신이 없습니다!

철학자 자네는 헤매고 있네. 왜 헤매는 것일까? 그건 자네가 '자유'를 택하고자 하기 때문일세. 즉 타인에게 미움받는 것을 두려워하지 않는, 타인의 인생을 살지 않는, 자기만의 길을.

청 년 그거예요! 저는 행복을 선택하고, 자유를 선택하고 싶습니다!

철학자 자유를 선택하려고 할 때 인간이 헤매는 것은 당연하네. 그래서 아들러 심리학에서는 자유로운 인생을 살기 위한 지침으로 '길잡이(引導) 별'이라는 것을 제시했지.

청 년 길잡이 별이요?

철학자 여행객들이 북극성에 의지해 길을 나서듯 우리 인생에도 '길잡이 별'이 필요하네. 그것이 아들러 심리학의 사고방식이지. 그 별은 잃어버려서는 안 되는 지침이자, 이 방향으로 쭉 가다 보면 행복이 기다리고 있을 거라는 믿음을 주는 절대적인 이상향이라네.

청 년 그 별은 어디에 있습니까?

철학자 타자공헌에 있네.

청 년 ……타자공헌!

철학자 　자네가 어떠한 찰나를 보내더라도, 설령 자네를 싫어하는 사람이 있다고 하더라도 '타인에게 공헌한다'는 길잡이 별만 놓치지 않는다면 헤맬 일도 없고 뭘 해도 상관없어. 나를 싫어하는 사람에게 미움을 받으며 자유롭게 살면 되네.

청　년 　내 하늘 위에 타자공헌이라는 별을 걸면, 늘 행복이 함께하고 친구도 함께한다!

철학자 　그리고 찰나인 '지금, 여기'를 진지하게 춤추고, 진지하게 사는 걸세. 과거도 보지 말고, 미래도 보지 말고, 완결된 찰나를 춤추듯 사는 거야. 누구와 경쟁할 필요도 없고 목적지도 필요 없네. 춤추다 보면 어딘가에 도착하게 될 테니까.

청　년 　아무도 모르는 '어딘가'에!

철학자 　에네르게이아적 인생이란 그런 걸세. 지금까지의 내 인생을 아무리 돌이켜봐도 왜 내가 '지금, 여기'에 있는 건지 제대로 설명할 수 없어. 그리스철학을 공부할 생각이었는데, 어느새 아들러 심리학을 병행하여 배우고, 이렇게 자네라는 소중한 벗과 대화를 나누고 있네. 찰나를 춤춰온 결과라고밖에 말할 수 없지. 자네한테 인생의 의미는 '지금, 여기'를 진지하게 춤췄을 때에만 명확해질 걸세.

청 년 ……그럴까요? 저는, 저는 선생님의 말씀을 믿고 싶
어요!

철학자 그래, 믿게나. 나는 오랜 세월 아들러의 사상과 함께
지내오면서 한 가지 깨달은 것이 있네.

청 년 뭔데요?

철학자 한 사람의 힘은 크다. 아니, '내 힘은 헤아릴 수 없이
크다'라는 점일세.

청 년 무슨 뜻이죠?

철학자 '내'가 바뀌면 '세계'가 바뀐다. 세계란 다른 누군
가가 바꿔주는 것이 아니라, 오로지 '나'의 힘으
로만 바뀔 수 있다는 뜻이지. 아들러 심리학을 배우
고 나면 내 눈에 보이는 세계는 이제 과거의 세계가
아니라네.

청 년 내가 바뀌면 세계가 바뀐다. 나 이외에 누구도 세계
를 바꿀 수 없다…….

철학자 이는 오랫동안 근시였던 사람이 처음 안경을 썼을
때 받는 충격과 비슷하네. 어렴풋했던 세계가 또렷
하게 보이고, 색채마저도 선명해지지. 게다가 시야
의 일부만 깨끗해지는 것이 아니라 보이는 세계가

전부 깨끗해지지. 나는 자네가 이와 같은 체험을 하기를 간절히 바라네.

청 년 ……아, 아까워 죽겠어요! 10년, 아니 5년만이라도 더 빨리 알았어야 했는데. 만약 5년 전, 아니 취직하기 전에 제가 아들러의 사상을 알았더라면…….

철학자 아니, 그건 아니지. 자네가 "10년 전에 알았더라면" 하고 생각하는 것은, '지금의 자네'가 아들러의 사상에 감명을 받았기 때문이야. 10년 전의 자네가 어떻게 느꼈을지는 누구도 모른다네. 자네는 이 이야기를 지금 들을 운명이었던 거야.

청 년 ……그래요, 그럴지도 모르죠!

철학자 한 번 더 아들러가 했던 말을 들려주겠네. "누군가가 시작하지 않으면 안 됩니다. 다른 사람이 협력하지 않더라도 그것은 당신과는 관계없습니다. 내 조언은 이래요. 당신부터 시작하세요. 다른 사람이 협력적인지 아닌지는 상관하지 말고."

청 년 제가 변했는지, 그로 인해 보이는 세계가 달라졌는지는 아직 모르겠어요. 그렇지만 한 가지는 확신할 수 있습니다! '지금, 여기'는 환하게 빛나고 있다고요! 내일의 일 따위는 보이지 않을 만큼 강렬하게!

철학자 나는 자네가 물을 마시리라고 믿네. 자, 나보다 앞을 걷는 젊은 벗이여, 나와 함께 걸어가지 않겠나?

청 년 ……저도 선생님을 믿습니다. 걸어가지요, 함께! 그리고 많은 시간 내주셔서 고맙습니다.

철학자 나야말로 고맙네.

청 년 앞으로도 종종 찾아뵈어도 되죠? 참, 소중한 벗의 한 사람으로서 이제 선생님의 지론을 논파하겠다는 말 같은 건 하지 않겠습니다!

철학자 하하. 이제야 젊은이답게 웃는 모습을 보여주는군그래. 어, 벌써 시간이 이렇게 됐나. 각자 돌아가 잘 자고, 새로운 아침을 맞이하세나.

청년은 천천히 신발 끈을 매고 철학자의 집을 나섰다. 언제 내렸는지 문 너머는 온통 하얀 눈으로 가득했다. 하늘에 둥실 떠오른 보름달은 부옇게 빛을 발하며 발치에 쌓인 눈을 비추고 있다. 어쩌면 공기가 이렇게 맑을까. 달빛은 또 얼마나 아름답고. 나는 이 새로운 눈을 밟고 힘차게 한 걸음 내디딜 것이다. 청년은 크게 심호흡을 하고 밤새 듬성듬성 난 수염을 쓰다듬으며 나지막이 말했다. 세계는 단순하다, 인생 또한 그러하다, 라고.

고가 후미타케(古賀史健)

무심코 집어든 한 권의 책이 세상을 보는 눈을 바꿔주기도 합니다.

1999년 겨울, 당시 20대 '청년'이던 저는 이케부쿠로의 서점에서 운 좋게도 그런 책을 만날 수 있었습니다. 바로 기시미 이치로 선생의 《아들러 심리학 입문(ア ド ラ ー 心理学入門)》입니다. 쉬운 말로 쓰였지만 매우 심오하고 일반적인 상식을 근본부터 뒤집는 사상. 트라우마를 부정하고 원인론을 목적론으로 전환하는 코페르니쿠스적 발상. 그때까지 프로이트파나 융파의 이론이 왠지 불편했던 저는 큰 충격을 받았습니다. 대체 알프레드 아들러는 어떤 사람인가, 어째서 나는 지금까지 그의 존재를 몰랐던 걸까……. 이후 저는 아

들러와 관련된 책을 보이는 족족 사서 읽기 시작했습니다.

그런데 책을 읽으면서 한 가지 사실을 깨달았습니다. 제가 찾던 것은 '아들러 심리학'이 아니라 기시미 이치로라는 한 철학자의 필터를 통해 걸러진, 말하자면 '기시미의 아들러학'이었음을.

소크라테스와 플라톤으로 대표되는 그리스철학을 깔고 설명하는 기시미 선생의 아들러 심리학은, 아들러를 임상심리학의 범주로 묶을 수 없는 사상가이자 철학자였음을 일깨워주었습니다. 예를 들어 "인간은 사회적 맥락 속에서만 개인이 된다"와 같은 말은 마치 헤겔(Friedrich Hegel)의 철학 같았고, 객관적 사실보다 주관적 해석을 중시하는 점은 니체(Friedrich Nietzsche)의 세계관과 닮았고, 그 외에 후설(Edmund Husserl)과 하이데거(Martin Heidegger)의 현상학과 통하는 사상도 담고 있습니다. 더불어 그런 철학적 통찰을 기반으로 하여 "모든 고민은 인간관계에서 비롯된 고민이다", "인간은 지금 이 순간부터 변할 수 있고 행복해질 수 있다", "문제는 능력이 아니라 용기다"라고 갈파하는 아들러 심리학은 그야말로 고민 많은 '청년'이었던 제 세계관을 완전히 바꿔놓았습니다.

하지만 주변에 아들러 심리학을 아는 사람이 거의 없었습니다. 저는 '언젠가 기시미 선생과 아들러 심리학(기시미의 아들러학)의 결정판이라고 할 수 있는 책을 내고 싶다'는 소망을 갖게 되었고, 몇몇 편집자에게 이러한 의도를 흘리면서 때를 기다렸습니다.

그리고 마침내 2010년 3월, 교토에 사시는 기시미 선생을 만났습니다.《아들러 심리학 입문》을 읽은 지 10년이 넘었을 때였습니다. 그때 기시미 선생이 "소크라테스의 사상을 기록으로 남긴 것은 플라톤이었어요. 나는 아들러에게 있어서 플라톤이 되고 싶습니다"라고 말씀하셨고, 그 말을 듣고 제가 불현듯 "그러면 제가 기시미 선생님의 플라톤이 되겠습니다"라고 답변한 것이 이 책의 출발점이 되었습니다.

단순하면서도 보편적인 아들러의 사상은 자칫 '당연한 것'을 주장하고, 도저히 실현 불가능한 이상론을 제기하는 것처럼 보이기도 합니다. 그래서 독자 여러분이 품은 의문에 빠짐없이 답하기 위해 플라톤의《대화편》형식을 빌려 철학자와 청년이 대화를 나누는 식으로 이 책을 구성했습니다. 그래도 반발심이 드는 부분, 받아들이기 어려운 주장, 이해하기 힘든 의견도 있을 겁니다.

하지만 십수 년 전에 제가 그랬듯이 아들러의 사상은 한 사람의 일생을 바꾸는 힘이 있습니다. 여러분에게 필요한 것은 한 발을 내딛는 '용기', 그것뿐입니다.

마지막으로 어린 저를 스승으로서가 아니라 한 사람의 '벗'으로 대해주신 기시미 이치로 선생님, 누구보다 끈기 있게 옆에서 응원해주신 편집자 가키우치 요시후미(柿內芳文) 씨, 멋진 일러스트로 이야기 세계를 재현해주신 하가 쇼이치(羽賀翔一) 씨, 그리고 독자 여러분께 진심으로 감사 인사를 드립니다.

고맙습니다.

기시미 이치로(岸見一郎)

아들러가 세상을 떠난 지 반세기가 지났는데도, 여전히 시대는 그의 참신한 사상을 쫓아가지 못하고 있습니다. 오늘날 아들러라는 이름은 프로이트와 융에 비해 그리 알려져 있지 않습니다. 하지만 아들러의 사상은, 이를테면 누구나 거기에서 뭔가를 발굴해낼 수 있는 '공동채석장'이라고 할 수 있습니다. 이렇듯 아들러의 이름은 언급되지 않아도 그의 사상은 많은 이들에게 영향을 주었습니다.

10대 후반부터 쭉 철학을 공부한 저는 30대가 되어 자식을 낳고 아들러 심리학을 접하게 되었습니다. '행복이란 무엇인가'를 탐구하는 행복론은 서양철학의 중심 주제이고, 나는 이 문제를 오랫동안 탐구해왔습니다. 그래서 처음 수 강한 아들러 심리학 강연에서 "오늘 내 강의를 들은 사람은 지금 이 순간부터 행복해질 수 있다"라는 강사의 말을 듣고 크게 반발심이 생겼습니다. 하지만 동시에 "나 자신은 어떻 게 해야 행복해질 수 있을까?"라는 질문에 대해서는 깊이 생 각해보지 않았다는 사실도 깨달았습니다. 그리고 '행복해지 는 것'은 의외로 간단하다는 아들러 심리학에 관심을 갖게 되었습니다.

이렇게 저는 그리스철학과 병행해 아들러 심리학을 공부 하게 되었습니다. 내게 두 학문은 별개가 아니었습니다. 예 를 들어 '목적론'이라는 이론은 아들러가 살던 시대에 갑자 기 나타난 것이 아니라 플라톤과 아리스토텔레스의 철학에 서 이미 나온 것입니다. 아들러 심리학은 그리스철학과 같 은 선상에 있는 사상이었던 겁니다. 나아가 플라톤이 남긴, 소크라테스와 청년들의 대화는, 오늘날로 말하자면 상담의 원형임을 알게 되었습니다.

철학이라고 하면 난해하다고 느끼는 사람이 적지 않습니 다. 하지만 플라톤의《대화편》에는 전문용어가 전혀 나오지 않습니다. 철학이 전문가들끼리만 통하는 말로만 해석되는 것이 오히려 이상한 일입니다. 철학의 본래 의미는 '지(知)'가 아니라 '지를 사랑하는 것'에 있고, 모르는 것을 알려고 하는 것과 지에 이르는 과정을 중요하게 여깁니다. 결국 지에 도달할 수 있느냐 없느냐 하는 것은 문제되지 않습니다.

오늘날 플라톤의 《대화편》을 읽는 사람이라면, 이를 테면 '용기란 무엇인가'를 탐구하는 대화가 결론에 이르지도 않은 채 끝나는 것에 놀랄지도 모릅니다. 소크라테스와 대화를 나누는 청년은 소크라테스의 말을 처음부터 순순히 받아들이지 않습니다. 철저히 반박합니다. 이 책이 철학자와 청년의 대화라는 형식을 취한 것은 소크라테스로 대표되는 철학의 전통을 밟았기 때문입니다.

저는 '또 하나의 철학'인 아들러 심리학을 알고 나서, 선배들이 남긴 저작을 읽고 그것을 해석하는 연구자로서의 삶에 갈증을 느끼게 되었습니다. 결국 소크라테스처럼 대화를 하고 싶어서 정신과의원 등에서 카운슬링을 시작했습니다.

그때 저는 수많은 '청년'과 만났습니다. 그들은 모두 진지하게 살기를 원했지만 그러지 못했습니다. 마치 무엇이든 안다는 듯이 떠들어대는 세상 물정에 밝은 연장자로부터 현실적이 되라며 꿈을 포기하라는 압박을 받거나, 순수한 탓에 복잡한 인간관계에 얽혀 힘든 경험을 했기 때문입니다.

진지하게 살고 싶다는 바람도 중요하지만, 그것만으로는 충분치 않습니다. 아들러는 "인간의 고민은 전부 인간관계에서 비롯된 고민이다"라고 말했습니다. 어떻게 해야 원만한 인간관계를 맺을 수 있는지 알지 못하면 타인의 기대를 만족시키며 살게 되거나, 타인에게 상처주지 않으려고 하고 싶은 말이 있어도 하지 못하고 하고 싶은 것을 단념하는 일이 벌어지게 됩니다. 그런 사람은 아마도 주변 사람들 사이에 인기가 많고, 그를 싫어하는 사람이 적을 겁니다. 대신에 자신의 인생을 살지 못하게 될지도 모릅니다. 이 책에 등장하는 청년처럼 이미 현실의 세례를 받은 고민 많은 젊은이들에게 "세계는 단순하고 오늘부터 당장 행복해질 수 있다"라는 철학자의 말이 충격적일 겁니다.

"나의 심리학은 모든 사람의 것이다"라고 말한 아들러도 플라톤처럼 전문용어를 쓰지 않고 인간관계를 개선하기 위한 '구체적 방안'을 제시합니다. 이런 아들러의 이론 중 받아들이기 어려운 것이 있다면, 그건 그의 이론이 상식에 대한 안티테제의 집대성이기 때문입니다. 그걸 이해하려면 일상생활에서 실천할 필요가 있기 때문입니다. 설명은 쉽지만 한겨울에 여름의 무더위를 상상해야 하는 어려움이 있을지도 모릅니다. 하지만 그럴 때, 인간관계의 문제를 푸는 열쇠를 받았다고 생각하면 어떨까요?

공저자이자 집필을 담당한 고가 후미타케 씨가 제 서재를 방문한 날, 이렇게 말하더군요.

"저는 선생님의 플라톤이 되겠습니다."

오늘날 우리가 한 권의 저서도 남기지 않은 소크라테스의 철학을 알 수 있는 것은 플라톤이 《대화편》이란 기록을 남겼기 때문입니다. 하지만 플라톤은 소크라테스가 말한 것을 그대로 따라 적지는 않았습니다. 플라톤이 소크라테스가 한 말을 올바르게 이해한 덕분에 소크라테스의 가르침이 오늘날까지 전해진 겁니다. 이 책 또한 몇 년에 걸쳐 끈기 있게 대화를 주고받은 고가 씨의 탁월한 이해력이 있었기에 세상에 나올 수 있었습니다.

이 책에 나오는 '청년'은 학창 시절 철학자들을 찾아다니던 나와 고가 씨이며, 무엇보다 이 책을 손에 쥔 여러분입니다. 철학자와의 대화를 통해 의문을 해결하는 동시에 여러분이 변화하는 데 조금이라도 도움이 된다면 더 바랄 게 없습니다.

옮긴이 | **전경아** 중앙대학교를 졸업하고 일본 요코하마 외국어학원 일본어학과를 수료했다.
현재 출판 번역 에이전시 베네트랜스에서 번역가로 활발히 활동 중이다. 옮긴 책으로 《미움받
을 용기》《지속가능형 인간》《지도로 보는 세계민족의 역사》《협상 심리학》《간단 명쾌한 발달
심리학》《비기너 심리학》《아이의 두뇌 습관을 바꿔라》《집중의 기술》《성공한 사람들의 99%
습관》《행복한 천재를 만드는 행복한 두뇌》《새콤달콤 심리학》 등이 있다.

미움받을 용기
자유롭고 행복한 삶을 위한 아들러의 가르침

초판 1쇄   2014년 11월 20일
초판 116쇄 2022년 9월 30일
개정판 1쇄 2022년 12월 28일
개정판 5쇄 2024년 4월 9일

지은이 | 기시미 이치로·고가 후미타케
옮긴이 | 전경아
감수자 | 김정운

펴낸이 | 문태진
본부장 | 서금선
편집 1팀 | 한성수 송현경 유진영
일러스트 | 함주해   디자인 | Design co*kkiri

기획편집팀 | 임은선 임선아 허문선 최지인 이준환 송은하 이은지 장서원 원지연
마케팅팀 | 김동준 이재성 박병국 문무현 김윤희 김은지 이지현 조용환 전지혜
디자인팀 | 김현철 손성규   저작권팀 | 정선주
경영지원팀 | 노강희 윤현성 정헌준 조샘 이지연 조희연 김기현
강연팀 | 장진항 조은빛 신유리 김수연

펴낸곳 | ㈜인플루엔셜
출판등록 | 2012년 5월 18일 제300-2012-1043호
주소 | (06619) 서울특별시 서초구 서초대로 398 BnK디지털타워 11층
전화 | 02)720-1034(기획편집) 02)720-1024(마케팅) 02)720-1042(강연섭외)
팩스 | 02)720-1043   전자우편 | books@influential.co.kr
홈페이지 | www.influential.co.kr

한국어판 출판권 ⓒ ㈜인플루엔셜, 2014, 2022

ISBN 979-11-6834-077-0 03180